本书获得2011年度教育部人文社会科学项目"管理者报酬激励、盈余管理及其经济后果研究"（11YJC630142）资助

管理者报酬激励、盈余管理及其经济后果研究

刘晓霞 著

中国社会科学出版社

图书在版编目（CIP）数据

管理者报酬激励、盈余管理及其经济后果研究/刘晓霞著.—北京：中国社会科学出版社，2016.5
ISBN 978 - 7 - 5161 - 8269 - 7

Ⅰ.①管… Ⅱ.①刘… Ⅲ.①国有控股公司—领导人员—工资管理—研究—中国 Ⅳ.①F279.246

中国版本图书馆 CIP 数据核字（2016）第 116745 号

出 版 人	赵剑英	
出版策划	卢小生	
责任编辑	谢欣露	
责任校对	周晓东	
责任印制	王　超	
出　　版	中国社会科学出版社	
社　　址	北京鼓楼西大街甲 158 号	
邮　　编	100720	
网　　址	http://www.csspw.cn	
发 行 部	010 - 84083685	
门 市 部	010 - 84029450	
经　　销	新华书店及其他书店	
印　　刷	北京金瀑印刷有限责任公司	
装　　订	廊坊市广阳区广增装订厂	
版　　次	2016 年 5 月第 1 版	
印　　次	2016 年 5 月第 1 次印刷	
开　　本	710×1000 1/16	
印　　张	11	
插　　页	2	
字　　数	157 千字	
定　　价	40.00 元	

凡购买中国社会科学出版社图书，如有质量问题请与本社营销中心联系调换
电话：010 - 84083683
版权所有　侵权必究

序

张兆国

刘晓霞博士的新著《管理者报酬激励、盈余管理及其经济后果研究》是她在博士论文《国有控股公司管理者报酬激励与盈余管理研究》的基础上，对盈余管理问题进一步研究的成果。我作为她的博士生导师，为她的这部著作即将问世而倍感欣慰，同时也深感到这部著作选题的研究难度和作者创作过程的艰辛。

管理者报酬激励制度是一种重要的公司治理机制，与公司业绩有着密切的联系。而要使这种治理机制能够发挥作用，就必须具备一个前提条件，即公司业绩能够客观地反映管理者的努力水平和行为选择。但在现实中这个前提条件并不一定总是存在，管理者报酬激励制度难以起到应有的激励作用。在这里，最常见的一个问题就是，管理者为了追求个人利益最大化而进行盈余管理。正因如此，管理者报酬激励制度与盈余管理的关系问题便一直颇受学术界的关注，也取得了丰硕的理论成果。但鲜有研究剔除盈余管理影响之后管理者报酬对公司业绩的影响，以及盈余管理到底具有怎样的经济后果。刘晓霞博士的新著《管理者报酬激励、盈余管理及其经济后果研究》便是在这方面进行系统研究的一项理论成果。

该著作在系统地综述和梳理国内外相关研究成果的基础上，运用委托—代理理论、现代契约理论等理论，采用规范分析与实证分析相结合、定性分析与定量分析相结合、技术分析与制度分析相结合等研究方法，结合我国的制度环境，从管理者报酬激励导致盈余管理的动机、管理者报酬激励导致的盈余管理对其激励效应的影响以及盈余管理的经济后果三个方面研究了选题。其创新意义主要表现在：

第一，建立了研究管理者报酬激励与盈余管理关系的理论模型。该模型分析了管理者报酬激励引发盈余管理的机制与条件。

第二，从管理者报酬激励引发盈余管理的动机和管理者进行盈余管理的可能性两方面考察了上市公司管理者报酬激励对盈余管理的影响。

第三，将管理者报酬激励效应与盈余管理相结合，将盈余管理从公司业绩中剔除，检验管理者报酬激励水平与剔除盈余管理之后的公司业绩之间的关系。

第四，从投资角度研究管理者报酬激励下公司盈余管理行为的经济后果，发现了盈余管理有可能引发非效率投资的经验证据。

总之，该著作立意深刻、内容充实、观点正确、剖析深入、逻辑严谨、行文流畅，富有新思想、新观点和新见解，是一部具有较高学术价值和应用价值的著作。这也显示了作者具有深厚的理论功底和独立从事科学研究的能力。

当然，该著作在逻辑结构、分析深度等方面存在不尽如人意的地方。我希望刘晓霞博士今后在这方面做更加深入的研究，取得更多高质量的科研成果。

2016 年春于武汉

（作者系华中科技大学管理学院会计系原主任、二级教授、博士生导师，《财会通讯》杂志社主编、中国会计学会高等工科院校分会会长、湖北省会计学会副会长、湖北中央企业会计学会副会长）

致 谢

　　本书获 2011 年度教育部人文社会科学项目"管理者报酬激励、盈余管理及其经济后果研究"（11YJC630142）资助得以问世。撰写及出版过程中亦是凝聚了许多良师益友的帮助，在此深表感谢！

　　感谢华中科技大学管理学院张兆国教授。张教授不仅是一位治学严谨、认真执着于会计研究的学者，更是一位可敬的师长，对学生和青年教师的指导和帮助耐心且毫无保留，是我的科研及人生道路上的一盏明灯。师恩铭记于心，时刻激励着我在学术道路上努力前行！

　　感谢长江大学副校长郑军教授对本书给予的指导及中南民族大学管理学院会计系的领导和同事对本书的支持！他们是管理学院副院长翟华云、会计系主任刘华，还有张振、王亚筑、刘亚伟、高娟、方芸等老师。有了他们的关心和帮助才使得本书得以顺利完成。

　　还要感谢我学习工作及生活中志趣相投的好友们：湖北经济学院谈多娇教授、郑州航空工业管理学院刘永丽副教授和《财政监督》杂志社编辑郑洁，是她们为我的学习、工作和生活增添了丰富的色彩。

　　最后，要诚挚感谢我的父母、公婆、爱人和女儿，家人的关心、爱护和支持是我的幸福之源，也是我在攀登学术高峰路上的坚实后盾！

　　学术研究之路漫漫，吾将上下而求索之。

刘晓霞
2016 年 3 月 9 日于武汉

前　言

在两权分离的条件下，管理者报酬激励制度既是一种重要的公司治理机制，也可能是产生盈余管理动机的一种原因。因此，管理者报酬激励与盈余管理问题既是公司治理研究中的一个重要课题，也是经济管理中的一个棘手问题。

本书在综述国内外相关研究成果的基础上，借鉴国际经验，结合我国上市公司的制度背景，综合运用委托—代理理论、机制设计理论、现代契约理论、产权理论等经济理论，采用契约分析法、规范分析法、实证分析法等研究方法，沿着"理论研究—实证研究—对策研究"的研究路线，从管理者报酬与盈余管理的理论分析、上市公司管理者报酬与公司业绩的实证研究、上市公司管理者报酬激励与盈余管理的实证研究、盈余管理的经济后果研究、完善上市公司管理者报酬激励的制度安排等方面展开全面而深入的研究，得出一些具有一定理论价值和实践价值的观点和结论。

首先，通过对管理者报酬激励与盈余管理的理论分析，建立理论模型。通过研究，得出如下三个结论：一是推导出盈余管理行为发生的充分必要条件，即管理者努力提高公司业绩的成本大于管理者进行盈余管理的成本；二是这两种成本的高低取决于公司内外治理机制的完善程度；三是盈余管理在一定程度上抑制了管理者报酬的激励效应。

其次，从管理者报酬激励引发盈余管理的动机和管理者进行盈余管理的可能性两方面，实证分析了我国上市公司管理者报酬激励对盈余管理的影响。与以往研究相比，本书首先通过对我国上市公司管理者报酬水平与公司业绩之间相关性的实证研究，得出两者显著正相关的结论，说明管理者可能产生盈余管理的动机；然后，在此基础上，结合我国上市公司的治理环境，通过对上市公司管理者报酬水平与盈余管理之间相关性的实证研究，得出两者正相关的结论，说明管理者存在盈余管理行为。

再次，将管理者报酬激励效应与盈余管理相结合。本书在实证分析管理者报酬水平与盈余管理相关性的基础上，将盈余管理从公司业绩中剔除，检验管理者报酬激励水平与剔除盈余管理之后的公司业绩之间的关系，结果表明两者呈负相关，说明管理者报酬没有起到应有的激励作用。

最后，从投资的角度研究了盈余管理的经济后果。本书首先利用财务重述公司的数据分析了盈余管理与投资规模的关系，得到盈余管理能够导致更大规模投资的结论，在此基础上对盈余管理与投资效率的关系进行实证检验，得到盈余管理能够引发非效率投资的经验证据。

此外，在上述理论分析与实证分析的基础上，本书理论联系实际，为完善上市公司管理者报酬激励制度从而抑制盈余管理行为提出一套制度安排，包括合理确定上市公司管理者报酬结构、合理确定管理者报酬水平、完善业绩考评制度以及完善上市公司管理者报酬披露制度。

目 录

第一章 绪论 ······ 1

第一节 问题提出与研究意义 ······ 1
一 问题提出 ······ 1
二 研究意义 ······ 3

第二节 概念界定与制度背景 ······ 4
一 概念界定 ······ 4
二 制度背景 ······ 8

第三节 研究思路与研究方法 ······ 13
一 研究思路 ······ 13
二 研究方法 ······ 14

第四节 研究内容与创新之处 ······ 15
一 研究内容 ······ 15
二 创新之处 ······ 17

第二章 文献综述 ······ 19

第一节 盈余管理的相关研究综述 ······ 19
一 盈余管理的动机 ······ 19
二 盈余管理的制约因素 ······ 24
三 盈余管理的度量方法 ······ 31

第二节 管理者报酬激励与盈余管理的研究综述 ······ 33
一 公司业绩与管理者报酬激励的研究综述 ······ 33
二 管理者报酬激励影响盈余管理的研究综述 ······ 38

第三节　盈余管理经济后果的研究综述 …………………………… 43
　　第四节　文献述评 …………………………………………………… 46
　　第五节　本章小结 …………………………………………………… 47
第三章　管理者报酬激励与盈余管理的理论分析 ………………………… 50
　　第一节　报酬激励与会计信息 ……………………………………… 50
　　　　一　会计信息对报酬激励的作用 ……………………………… 51
　　　　二　会计准则的局限性 ………………………………………… 54
　　第二节　公司治理与盈余管理 ……………………………………… 55
　　　　一　公司外部治理机制对盈余管理的影响 …………………… 56
　　　　二　公司内部治理机制对盈余管理的影响 …………………… 57
　　第三节　管理者报酬激励与盈余管理的理论模型 ………………… 60
　　　　一　模型假设 …………………………………………………… 60
　　　　二　模型建立 …………………………………………………… 62
　　　　三　模型分析 …………………………………………………… 64
　　　　四　模型结论 …………………………………………………… 66
　　第四节　本章小结 …………………………………………………… 67

第四章　上市公司管理者报酬激励与公司业绩的实证分析 ……… 69
　　第一节　研究假说 …………………………………………………… 69
　　第二节　样本选择与数据来源 ……………………………………… 74
　　第三节　变量设置与经验模型 ……………………………………… 74
　　　　一　变量设置 …………………………………………………… 74
　　　　二　经验模型 …………………………………………………… 76
　　第四节　实证检验与结果分析 ……………………………………… 77
　　　　一　描述性统计 ………………………………………………… 77
　　　　二　实证结果分析 ……………………………………………… 80
　　　　三　结果分析与研究结论 ……………………………………… 82
　　第五节　本章小结 …………………………………………………… 83

第五章　上市公司管理者报酬激励与盈余管理的实证分析 ········ 85

第一节　研究假说 ·· 85
第二节　变量设置与经验模型 ······································ 90
  一　变量设置 ·· 90
  二　经验模型 ·· 94
第三节　实证检验与结果分析 ······································ 95
  一　描述性统计 ·· 95
  二　实证结果 ·· 96
  三　结果分析与研究结论 ·· 100
第四节　进一步检验 ··· 100
  一　研究假说 ··· 101
  二　模型建立与实证结果 ·· 102
  三　结果分析与研究结论 ·· 104
第五节　本章小结 ··· 104

第六章　上市公司盈余管理的经济后果研究
——基于投资的实证分析 ··· 106

第一节　研究假说 ··· 107
第二节　样本选择与数据来源 ····································· 108
第三节　变量设置与经验模型 ····································· 109
  一　企业投资规模变量的测度 ··································· 109
  二　控制变量 ··· 110
第四节　实证检验与分析 ·· 110
  一　描述性统计 ··· 110
  二　实证结果 ··· 111
  三　结果分析与研究结论 ·· 113
第五节　进一步检验 ··· 114
  一　研究假说 ··· 114
  二　样本选择与数据来源 ·· 115

三　变量设置与经验模型 …………………………………… 115
　　　四　实证检验与结果分析 …………………………………… 117
　第六节　本章小结 ……………………………………………… 120

第七章　政策建议 …………………………………………………… 122
　第一节　合理确定报酬结构 …………………………………… 123
　　　一　合理确定固定薪酬与变动薪酬的比例 ………………… 123
　　　二　逐步推广股权激励制度 ………………………………… 124
　　　三　兼顾精神激励等其他激励形式 ………………………… 125
　第二节　合理确定报酬水平 …………………………………… 125
　　　一　确定管理者的报酬水平应综合考虑诸多因素的
　　　　　影响 ………………………………………………………… 126
　　　二　加强管理者报酬水平与经营状况的联系 ……………… 126
　　　三　薪酬差距的确定应综合考虑企业性质等
　　　　　相关因素 ………………………………………………… 126
　　　四　确定管理者的报酬水平要建立在科学的
　　　　　业绩考评的基础上 ……………………………………… 127
　第三节　完善业绩考评制度 …………………………………… 127
　　　一　考评的内容 ……………………………………………… 127
　　　二　考评的方法 ……………………………………………… 128
　第四节　完善报酬披露制度 …………………………………… 129
　第五节　本章小结 ……………………………………………… 130

第八章　总结与研究展望 …………………………………………… 131
　第一节　总结 …………………………………………………… 131
　第二节　研究展望 ……………………………………………… 133

参考文献 ……………………………………………………………… 135

第一章　绪论

第一节　问题提出与研究意义

一　问题提出

管理者报酬激励是为解决委托—代理问题而设计的一种重要的公司治理机制。根据完全契约理论，管理者报酬契约的设计应同时满足参与约束与激励相容约束两个条件，即管理者的报酬与其努力程度应呈正相关关系，干得好比干得差能获得更多的收入。由于管理者的努力程度无法测量，在管理者报酬契约的设计中，通常将公司业绩视为管理者努力程度的替代变量，管理者的报酬与公司业绩或公司的市场价值直接相关。因此，在上市公司管理实践中，管理者的报酬通常包括与业绩关联的货币薪酬和与市场价值关联的股权和期权收益等。要使管理者报酬激励这种治理机制有效，就必须具备一个前提条件，即公司业绩能够客观地反映管理者的努力水平和行为选择。当这个前提条件不具备时，管理者报酬激励制度就难以起到有效的激励作用。在这里，最常见的一个问题就是，管理者为了追求个人利益最大化而进行盈余管理（Healy，1985；Guidry et al.，1999）。盈余管理是指公司管理当局在编制财务报告和规划交易的过程中，运用个人判断来改变财务报告数据，以达到误导那些以公司业绩为基础的利益相关者的决策或者影响那些以财务报告数据为基础的契约结果的目的（Healy and Wahlen，1999）。由于会计信息在管理者报酬激励契约的缔结、实施和监督的过程中具有重要的作用，西方财务会计学界长期以来认为，管理者报酬激励是盈余管理的重要动机之一，国内外诸多学者也通过实证研究发现了管理者报酬激励引发盈余管理的经验证据。所以，在考察管理者报酬制度是否起到了激励作用时，要考虑盈余管理问题。

与西方发达国家相比，目前我国上市公司管理者报酬激励制度具有以下四个特点（上海证券交易所研究中心，2006）：第一，以货币薪酬为主，实施股权激励的公司较少；第二，货币薪酬主要以会计业绩（如 ROA）为导向，与股票业绩（RET）不相关；第三，报酬增加的国有控股公司多于非国有上市公司，报酬减少的国有控股公司少于非国有上市公司；第四，报酬决定机制的市场化程度较低，特别是国有控股公司，管理者报酬受政府干预较大。那么，具有这些特点的管理者报酬激励制度是否起到了激励作用呢？现有文献对这一问题的研究几乎都隐含着这样一个逻辑前提，即公司业绩能够客观地反映管理者的努力程度，而忽视了管理者报酬与盈余管理的关系。如果管理者报酬激励会诱发盈余管理，这些文献的研究结果就可能缺乏解释力。

希珀（Schipper，1989）指出，盈余管理产生于两个主要条件：一是契约摩擦；二是沟通摩擦。管理者报酬激励导致盈余管理行为发生的条件，就是存在由报酬激励所导致的盈余管理动机，以及在公司中存在管理者进行盈余管理的可能性。管理者报酬激励是解决委托—代理问题的重要公司治理机制。但是，在我国上市公司管理者各种形式的报酬激励大力实施的形势之下，管理者报酬激励是否有可能成为盈余管理的动机？哪种形式的报酬激励更容易引发盈余管理行为？我国上市公司的治理机制是否为管理者进行盈余管理提供了可能？管理者报酬激励所引发的盈余管理行为是否会导致报酬激励的失效？管理者报酬激励影响下的盈余管理会产生什么样的经济后果？这些问题对于完善我国上市公司的管理者报酬激励机制、提高上市公司会计信息质量、改善资本市场的资源配置效率，都是值得研究的重要课题。

二 研究意义

从理论和实践上看,我国上市公司的管理者报酬激励与盈余管理问题都是值得研究的重要课题。

(一)理论意义

1. 有助于深化管理者报酬激励研究与盈余管理研究的内容

本书在对管理者报酬激励与盈余管理问题的研究中,从管理者报酬激励引发盈余管理的动机和管理者进行盈余管理的可能性两方面入手进行考察,从理论和实证上都证明了存在盈余管理动机的情况下,管理者必须同时具有盈余管理的动机和可能性才会最终导致盈余管理行为的发生,并证明了管理者报酬激励引发的盈余管理行为导致了激励机制的失效。这一研究模式不仅考察了管理者报酬激励对盈余管理的影响,并且从反方向思考了盈余管理对管理者报酬激励的作用。在此基础上,本书还从投资角度检验盈余管理的经济后果,考察管理者报酬激励下的盈余管理对企业投资行为的影响。这些内容有助于进一步深化管理者报酬激励研究与盈余管理研究的内容。

2. 有助于深化公司治理研究的内容

本书通过理论分析和实证检验都证明了公司治理对管理者报酬激励引发盈余管理行为的影响。一方面,公司治理的弱化使公司中存在管理者进行盈余管理的可能性,造成了管理者报酬激励动机下盈余管理行为的发生。另一方面,完善公司治理机制能够抑制盈余管理,提高管理者报酬的激励效应。本书从公司治理的视角出发,研究管理者报酬激励与盈余管理的关系,分析了管理者报酬的治理效应与其对盈余管理的影响,以及盈余管理情况下管理者报酬激励的经济后果,这无疑将推动公司治理理论的发展。本书的研究有助于进一步深化包括管理者报酬激励在内的公司治理机制研究的内容。

(二)实践意义

1. 有助于进一步完善我国上市公司管理者报酬激励机制等公司治理机制

本书在研究中发现,我国上市公司管理者报酬激励能够引发盈余管理的动机，同时我国上市公司的治理特征使得管理者具有进行盈余管理的可能性，两方面的共同作用导致了我国上市公司存在管理者报酬激励所导致的盈余管理行为。盈余管理行为的发生还进一步导致了我国上市公司管理者报酬激励机制的失效，这些问题的发现对进一步完善我国上市公司管理者报酬激励制度等公司治理机制具有重要的实践意义。

2. 有助于进一步提高我国上市公司的会计信息质量

本书通过研究，发现我国上市公司管理者报酬激励引发盈余管理的经验证据，并根据相关结论，提出完善我国上市公司管理者报酬激励机制的政策建议，这些研究结论对于抑制我国上市公司管理者的盈余管理行为、进一步提高上市公司会计信息质量具有重要的实践意义。

第二节 概念界定与制度背景

一 概念界定

(一) 管理者报酬激励

在现代企业所有权与控制权分离的情况下，建立管理者的激励机制是促使所有者与管理者目标一致的必然要求。对管理者的激励，既包括最直接的报酬激励，也包括间接的控制权激励。将控制权作为管理者的激励约束机制，是一种通过决定是否授予特定控制权以及选择对授权的制约程度来激励约束管理者行为的制度安排（黄群慧，2000）。控制权之所以能够达到对管理者的激励目的，主要原因在于，一方面满足了管理者对企业家精神的追求，并能够产生权力感与优越感；另一方面还可享受到职务特权以及在职消费的物质利益。本书的研究将管理者的报酬激励与控制权激励分离，只研究管理者控制权激励之外的、通过签订报酬契约所形成的管理者报酬激励。本书作此限定，原因有二：一是相比于控制权激励，会计信息与报酬契约的关系更为密切。由于本书研究的是管理者报酬激励与盈余管理的关系，会计信息对管理者报酬的影响程度直接关系到管理者进行盈余管理的动机，相比于控制权激励，会计信息能够在更大程度上影响管理者的报酬激励。二是管理者的控制权报酬难以度量。控制权激励不仅为管理者带来物质利益，更为管理者带来精神收益，较之于报酬激励，控制权激励为管理者带来的效用水平难以用货币计量。基于以上原因，本书仅选择基于报酬契约的管理者报酬激励作为研究对象。

报酬激励是公司所有者为了引导经营者更好地为其服务而事先制定的奖励政策。它包括薪金、奖金、认股权等形式，是现代企业制度的衍生物。我国上市公司的管理者报酬激励机制中既包括货币薪酬激励，也包括股权激励、期权激励等多种激励形式。由于期权激励等形式在上市公司中的实施并不普遍，所以，本书将管理者报酬激励界定为包含货币薪酬激励和股权激励的激励形式。

（二）盈余管理

盈余管理（earnings management）的定义目前尚无定论，国外学术界有几个具有代表性的观点：

希珀（Schipper，1989）在《盈余管理的评论》一文中将盈余管理定义为：企业管理当局为了获取某些私人利益（而非仅仅为了中立地处理经营活动），通过有目的的干预对外财务报告所进行的"披露管理"（disclosure management）。稍加拓展该定义，盈余管理也包括"真实的"盈余管理，比如通过改变企业投资的时间安排或其他财务决策来改变报告盈余。

斯科特（Scott，2000）提出，盈余管理是在公认会计准则允许的范围内，通过会计政策的选择，使经营者自身利益或（和）公司市场价值达到最大化的行为。

希利和瓦伦（Healy and Wahlen，1999）认为，盈余管理是指管理当局在编制财务报告和规划交易的过程中，运用个人判断来改变财务报告的数据，达到误导那些以公司的经营业绩为基础的利益相关者的决策或者影响那些以会计报告数据为基础的契约结果的目的。

以上三个定义中，两个定义提出盈余管理的主体为企业的管理当局。这三个定义都认为,进行盈余管理的目的在于提升管理者或公司利益(影响利益相关者的决策和契约结果的最终目的也是为了获取管理者私利或增加公司利益),而盈余管理的结果都是改变了财务报告所披露的会计信息。但在盈余管理的手段和范围的界定上,这些定义有一定的差异。希利和瓦伦(1999)对盈余管理的界定是最广义的。

我国学者在借鉴国外学者观点的基础上,结合中国企业的实际情况,提出了以下几个具有代表性的定义。

魏明海(2000)提出,盈余管理是企业管理当局为了误导其他会计信息使用者对企业经营业绩的理解,或影响那些基于会计数据的契约的结果,在编制财务报告和"构造"交易事项以改变财务报告时做出判断和会计选择的过程。

孙铮和王跃堂(1999)认为,盈余管理是企业利用会计管制的弹性操纵会计数据的合法行为。陆建桥(2002)的定义与斯科特的定义十分相似,将盈余管理行为限制在会计准则允许的范围之内。章永奎和刘峰(2002)则认为,盈余管理是上市公司为特定目的而对盈利进行操纵的行为,并特别指明盈余管理并非限制在公认会计原则或会计方法内。

宁亚平(2005)深入分析了盈余管理的内涵,提出盈余管理应有别于盈余操纵(earnings manipulation)和盈余作假(earning fraud)。他认为,盈余操纵包括盈余管理和盈余作假。盈余管理是指管理层在会计准则和公司法允许的范围内进行盈余操纵,或通过重组经营活动或交易达到盈余操纵的目的,但这些经营活动或交易的重组增加或至少不损害公司价值。通过无损于公司价值的实际经营活动和交易来操纵盈余的行为或现象叫作"实际盈余管理";而在会计准则和公司法允许范围内,灵活运用会计选择以达到影响盈余的目的或效果的行为和现象叫作"会计盈余管理"。

我国学者对于盈余管理定义的分歧主要在于,盈余管理是否在会计准则允许的范围之内,以及利用非会计手段调整盈余是否也认定其为盈余管理。从检验我国上市公司盈余管理行为存在性的实证结果来看，既有利用会计准则进行的盈余管理行为（王建新，2007），也有利用关联交易与资产重组等进行盈余管理的经验证据（顾振伟，2008），只是后者这种方式的盈余管理行为更为隐蔽，其程度也更加难以度量。

根据上述定义与观点，本书认为，盈余管理是企业管理当局在会计准则允许的范围内，通过会计政策选择或安排真实交易改变财务报告的数据，以达到误导那些以公司的会计报告为基础的利益相关者的决策或者影响那些以会计报告数据为基础的契约结果的目的。本书研究的是上市公司管理者报酬激励与盈余管理的关系，将盈余管理的主体界定为企业的管理者，既包括公司的董事长，也包括公司的高层管理者。本书所考察的盈余管理行为不仅包括利用会计准则选择，还包括利用真实交易进行的盈余管理行为。在对盈余管理目的的界定上，本书与希利和瓦伦（1999）的观点一致，认为其最终目的是为了影响契约结果以获取私有收益。

（三）盈余管理的经济后果

盈余管理调整了公司的报告盈余，改变了公司的业绩，其最直接的经济后果是影响了基于公司业绩的契约的执行。基于债务动机、扭亏动机、配股动机而进行的盈余管理，直接导致企业降低了违约成本和融资成本。基于报酬激励动机的盈余管理则直接提高了盈余管理当年管理者的收益。盈余管理的另一项直接经济后果，是对企业后续报告业绩的影响。应计盈余管理当年的调整必将影响以后年度的会计盈余，而实证研究表明，真实盈余管理也会影响企业后续年度的业绩（Gunny，2010）。盈余管理导致企业当年及其后续年度会计信息的失真，进而影响基于会计信息进行的经济决策，这些是盈余管理的间接经济后果。基于会计信息进行决策的企业外部投资者，其决策将通过资本市场的反应表现出来；而基于会计信息进行决策的企业内部决策者，失真的会计信息则可能对其投资决策、融资决策和现金管理决策等产生影响。麦克尼科尔斯和斯塔本（McNichols and Stubben，2008）通过实证分析，得到了管理层通过盈余管理扭曲财务信息而做出次优投资决策的经验证据。刘慧龙等

(2014)也认为，决策权较为统一的公司进行的盈余管理会对企业投资效率产生影响。本书将从盈余管理对企业投资决策影响的视角，研究盈余管理的经济后果。

二 制度背景

我国上市公司的薪酬制度是伴随着国有控股公司的制度变化而变化的。第一，我国上市公司中约有70%的公司为国有控股公司；第二，国有控股公司的薪酬制度长期受到相关政策的影响。因此，我国上市公司管理者薪酬制度的演变，实则更多的是国有控股公司薪酬制度的演变。

国有控股公司的管理者报酬激励制度是伴随着我国经济的市场化改革和国有企业改革的逐步深入而逐渐成为国有控股公司的重要公司治理机制。在这一过程中，国有控股公司的管理者激励是逐渐由政治激励向报酬激励转化的，报酬激励的形式也逐渐由单一的货币薪酬向包括股权激励在内的多种激励形式转化。国有控股公司报酬激励制度的变革主要经历了三个阶段，可概括为变革期、成长期与发展期。

（一）变革期

变革期为自改革开放初至1999年。这一期间国有控股公司的薪酬制度经历了计划经济体制向市场经济体制的转变，并逐渐尝试多种形式的薪酬制度。这一期间的薪酬制度发展经历了曲折的过程，直至1999年，中国共产党第十五届中央委员会第四次全体会议通过了《中共中央关于国有企业改革和发展若干重大问题的决定》，标志着国有控股公司薪酬制度变革期的结束和成长期的到来。在这个决定中，明确提出应建立健全国有企业经营者的激励和约束机制，将管理者收入与业绩挂钩，可以探索试行年薪制、持有股权等分配方式。

政治激励一直以来都是国有控股公司最重要的激励机制。在国有企业改革前，对具有国家干部身份的国有企业管理者的政治激励，最主要的就是政治职位的晋升。对于国有企业管理者而言，政治职位的晋升所带来的不仅仅是政治目标的实现，更重要的是伴随着职位晋升所带来的权力的扩大和由权力而衍生的经济利益。在中国的政治制度下，政治激励与企业业绩的关联程度并不强，一般情况下，只要经营者没有政治过失，即使企业业绩水平一般，其职业生涯仍然会只升不降。此时管理者的报酬水平也相当低，在改革开放初期，国有企业管理者的收入也仅仅是非技术工人收入水平的3倍。1988年国务院颁布《企业承包经营责任制暂行条例》和《全民所有制小型工业企业租赁经营暂行条例》，规定"企业经营管理者的年收入，视完成承包经营合同情况，可高于本企业职工年平均收入的1—3倍，贡献突出的，还可适当高一些"，"承租经营者的收入，原则上不超过本企业职工平均工资（含奖金）的五倍"。这一时期与绩效挂钩的工资制度在大多数企业中日趋完善，多种分配方式也应运而生，包括承包租赁企业按经营成果分配、股份制企业按资分配、独资或合资企业按劳动力价值分配、科技人员按技术分配等。

1992年，我国明确提出要建立社会主义市场经济体制，企业管理者的报酬制度也随之得到变革。1994年5月，《关于加强国有企业经营管理者工资收入和企业工资总额管理的通知》由劳动部和国家经贸委下发。1994年9月，劳动部、国家经贸委以及国家体改委又联合下发了《国有企业厂长（经理）奖惩办法》。这些文件都提出了改革和加强企业经营者工资收入的管理办法。不少地方从1992年就进行了年薪制的试点工作，与此同时还建立了风险抵押制度。1994年劳动部又与财政部、国家经贸委联合制定了《国有企业经营管理者年薪制试行办法》，这一办法虽然在全国百家企业进行了试点，却最终未被国务院批准出台。并且，1998年劳动部还宣布在国有企业中要暂停实施年薪制。这一年中国企业家调查系统的报告显示，已有17.5%的企业实行年薪制。在这些企业中，国有企业占到15.2%，股份制企业占到25.1%，私营企业则为41.4%。

由此可见，国有企业管理者的报酬长期受到政府的管制，在这一阶段，虽然管理者的报酬已经与企业绩效挂钩，但总体水平相对较低。这一时期国有控股公司管理者效用来源，一是政治权力所衍生的私人利益，二是高额度的在职消费。这种激励形式下，管理者所获得的效用与企业绩效的关联性非常弱，报酬激励也不是有效的激励方式。因此，随着国有企业进行的现代企业制度改革，报酬激励制度也逐渐发生了重大变革。

（二）成长期

成长期可以界定为1999—2006年。这一时期，各种形式的薪酬制度在国有控股公司中得到较大程度的发展，管理者的薪酬水平和激励程度较之前也有了较大幅度的提升。

1999年，党的第十五届中央委员会第四次全体会议通过了《中共中央关于国有企业改革和发展若干重大问题的决定》。这一决定明确提出，应建立健全国有企业经营者的激励和约束机制，将管理者收入与业绩挂钩，可以探索试行年薪制、持有股权等分配方式。《中国上市公司管理规范》中也规定，管理者的报酬必须包括绩效激励机制。2003年，国务院国有资产监督管理委员会出台《中央企业负责人经营业绩考核暂行办法》，并于2004年正式实施。在该办法中，规定对央企经营者实行年薪制，央企负责人的薪酬由基薪、绩效薪金和中长期激励构成。伴随着国有企业向国有控股公司的转变，这些政策的实施也都极大地拓展了报酬激励制度在国有控股公司的实施，管理者的报酬水平较以前有较大提升，年薪制的实施在一定程度上解决了国有企业管理者的短期激励问题。但是，此时的国有控股公司管理者的薪酬水平并不完全取决于公司的绩效水平，因为它同时还受到政府的管制。中国劳动和社会保障部于2000年发布的《进一步深化企业内部分配制度改革的指导意见》中，虽然提出在具备条件的企业积极试行年薪制，但其薪酬安排要满足两个条件，即"工资总额增长幅度低于本企业经济效益增长幅度，职工实际平均工资增长幅度低于本企业劳动生产率增长幅度"；经营者持股数额则以本企业职工平均持股数的5—15倍为宜，并且"企业股份不能过分集中在少数人手里"。这一规定虽然在2004年实施的《中央企业负责人经营业绩考核暂行办法》中被取消，但这项办法也规定央企负责人的平均年薪为25万元。

报酬激励制度的实施增加了薪酬对于管理者的效用，较之于完全的政治激励，报酬激励制度不仅提高了国有控股公司管理者的报酬水平，增加了报酬在管理者效用结构中的比例，而且使得管理者的效用水平与公司绩效产生了关联性，增加了激励机制的有效性。此时的国有控股公司管理者处于政治激励与报酬激励并存的状态，并且报酬激励为管理者所带来的效用不断提升，但是管制的存在却降低了国有控股公司管理者薪酬变化的空间，由此导致这种报酬激励仍然不是完全基于市场双方效用最大化的最优报酬契约。政治激励所带来的效用仍然是国有控股公司管理者效用的重要组成部分。据统计，国有控股公司董事长更换的原因中，晋升仍然是最主要的原因，并且晋升机制和报酬业绩激励间不存在显著的替代性，晋升机制仍然是主要的激励机制（宋德舜，2006）。并且，这一阶段国有控股公司管理者的报酬水平与私有企业相比，仍然存在较大的差距。中国企业家调查系统2002年的调查数据显示，国有企业管理者年收入在4万元以下的占56.4%，这个比例远远高于私营企业，也远远高于外资和港澳台资企业。国有企业管理者年收入在10万元到50万元的只有9.3%，年收入高于50万元的只有0.2%，这两个比例又远远低于其他类型的企业。从这些统计数据可以发现，九成国有企业的管理者年收入是低于10万元的。并且，有关调查显示，国有企业的管理者对其激励制度的满意程度也比较低，认为其报酬与对企业的贡献不对称的比例达到40.2%。

2006年年底，国有控股公司的股权分置改革宣告基本完成，从此国有控股公司在市场化的道路上迈出了新的一步，同时，股权分置改革的基本完成也为股权激励制度的推行带来契机。2005年10月27日，《公司法》和《证券法》修订通过，并于2006年正式实施。这两部法律在公司资本制度、回购公司股票和高级管理人员任职期内转让股票等方面均有所突破，消除了实施股权激励的法律障碍。2005年11月，国资委出台了《国有控股上市公司实施股权激励试行办法》（征求意见稿），2006年9月30日，由证监会发布的《国有控股上市公司（境内）实施股权激励试行办法》正式实施，这表明股权激励制度开始成为国有控股上市公司的重要激励制度。

此时，国有控股公司管理者的报酬激励机制取代政治激励机制成为最主要的激励方式，同时管理者的报酬水平也得到了极大的提高。上海荣正投资咨询有限公司发布的《中国企业家价值报告》，根据2006年上市公司的数据，统计了我国上市公司高级管理人员（以下简称高管）年薪及持股市值，报告显示国有控股上市公司高管年薪水平首次高于民营企业。报告显示，国有企业的最高年薪值以及董事长、总经理、董事会秘书（以下简称董秘）和财务总监等核心高管的年薪均值都高于民营企业。中国银行、工商银行等公司的高管薪酬均进入了董事长、总经理和董秘年薪排行前20名，其中，中国银行董秘杨志威以561.88万元的年薪位居董秘年薪排行榜之首。

（三）发展期

2006年以后，随着股权激励办法的实施，国有控股公司的薪酬制度进入进一步的发展阶段，在激励水平和激励程度已较高的基础上，激励形式面临着更大的发展。自2006年股权激励办法实施至2008年6月30日，共有116家上市公司公布了股权激励计划。根据万得数据库公布的股权激励一览表，2006—2009年，实施股权激励和期权激励以及将其纳入董事会预案的公司有105家，还有62家公司停止实施期权计划。这一时期，报酬激励机制逐渐取代政治激励，成为国有控股公司管理者最重要的激励方式和重要的公司治理机制。但是，股权激励机制仍然处于起步阶段，实施股权激励的公司数量和国有控股公司管理者的持股水平远不及民营企业，货币薪酬仍然是国有控股公司管理者最主要的薪酬形式。

这一时期国有控股公司管理者的薪酬已达较高水平，特别是一些国有垄断企业以及金融企业等。质疑国有企业高管薪酬过高的声音也开始出现。2008年，国有企业高管薪酬成为舆论界关注的焦点，特别是金融企业。财政部在2009年2月颁布了《金融类国有及国有控股企业负责人薪酬管理办法》（征求意见稿），这一办法被戏称为"限薪令"。2009年9月，有关部委联合下发《关于进一步规范中央企业负责人薪酬管理的指导意见》，这一意见在薪酬管理的若干方面进一步对央企负责人薪酬做出规范，并将高管薪酬分为基本年薪、绩效年薪以及中长期激励收益三部分。2015年1月1日起，《中央管理企业负责人薪酬制度改革方案》正式实施。该方案包括"完善制度、调整结构、加强监管、调节水平、规范待遇"五个方面内容。其最核心的内容是明确下一步央企高管薪酬将采用差异化薪酬管控的办法，综合考虑国有企业高管当期业绩和中长期持续发展，重点对行政任命的央企高管人员以及部分垄断性的高收入行业的央企负责人薪酬水平实行限高，以此来抑制央企高管获得畸高的薪酬，缩小央企内部分配差距，使得央企高管人员薪酬增幅低于企业职工平均工资增幅。该方案能否对国有控股公司高管薪酬的规范起到积极作用，以及回应部分学者对于"限薪令"的政治意义大于实际效果的质疑（郭婧，2010），这些问题都说明我国上市公司管理者的薪酬制度建设仍然任重而道远。

从国有控股公司薪酬制度的发展路径可以看出，随着国有控股公司现代企业制度的建立和公司治理机制的逐渐完善，在职消费和政治晋升已不再是国有控股公司管理者的主要效用来源，管理者的报酬水平成为国有控股公司管理者效用的主要构成。非国有上市公司的股权制度早于国有控股公司，但又与国有控股公司的薪酬制度一起向前发展。在我国上市公司中，管理者报酬激励已经成为最主要的激励方式和重要的公司治理机制，但我国上市公司管理者的报酬水平依然存在企业内报酬结构不合理、企业间激励水平不平衡等问题。此时考察我国上市公司管理者报酬激励对盈余管理的影响及其经济后果，不仅对国有控股公司会计信息质量的提升具有重要意义，而且对进一步完善上市公司管理者报酬激励制度也具有更为深远的现实意义。

第三节 研究思路与研究方法

一 研究思路

本书在对管理者报酬激励、盈余管理及其经济后果的研究过程中，综合运用—委托代理理论、机制设计理论、现代契约理论、产权理论等经济理论，沿着"理论分析—实证分析—对策研究"的研究路线，对选题进行了深入研究。

本书首先对管理者报酬激励与盈余管理的关系进行了深入的理论分析，主要阐明报酬激励与会计信息的相关性，并指出公司治理机制是影响盈余管理的重要制度安排，在此基础上建立理论模型分析管理者报酬激励与盈余管理的关系。在理论分析的基础上，结合我国上市公司管理者报酬激励的制度演变，通过实证研究，检验上市公司管理者报酬激励与公司业绩的相关性，以明确我国上市公司管理者是否有可能产生基于报酬激励的盈余管理动机。在得到二者具有正相关关系的实证研究结论的基础上，结合我国上市公司治理机制的制度背景，研究上市公司管理者报酬激励与盈余管理的关系。在得到二者之间存在正相关关系的结论的基础上，进一步通过实证研究，将管理者报酬激励效应与盈余管理相结合，检验盈余管理对管理者报酬激励效应的影响。对于企业盈余管理导致的经济后果，本书从投资方面进行实证研究，分析盈余管理与企业投资决策的相关关系。最后根据本书的研究结论，提出相关政策建议。

二 研究方法

本书将规范研究与实证研究相结合，综合运用契约分析法、规范分析法和实证分析法，对上市公司管理者报酬激励与盈余管理问题进行了研究。

（一）契约分析法

契约是在自由平等的前提下两个或两个以上的当事人为了改进各自的经济状况或实现各自的经济预期而达成的有关经济权流转的协议或约定。新制度经济学认为，现代企业就是各要素投入者联合起来的契约集合，因此，契约分析法也被认为是现代企业理论中的核心研究方法。在新古典经济学中，制度因素被视为理想模型的外生变量，契约分析法则在此向前推进（杨浩，2001）。该研究方法将贯穿于本书的整个研究过程。

(二) 规范分析法

规范分析法是对客观事物"应该是什么"的陈述和规定，是分析社会经济应该怎样运行的方法，蕴含着对事物"好"或"坏"的价值判断。规范研究通过对社会经济运行的过程与结果进行理论分析并作出价值判断，评价社会经济的利弊得失，从而回答社会经济"应该是什么"的问题，并由此找出更好的对策解决经济问题。例如，本书采用规范分析法，对上市公司的管理者报酬激励与公司治理机制"应该是什么"给出了自己的看法。

(三) 实证分析法

不同于规范研究，实证研究是对客观事物"实际是什么"进行陈述与分析，并不进行个人价值判断。实证研究并不能回答社会经济运行是"好"还是"坏"，而是在分析实际经济现象的过程与规律的基础上，说明经济现象"实际是什么"。实证研究通常不涉及对经济运行情况及其经济后果的评价。实证研究法包括理论实证和经验实证。理论实证是通过对经济事实的理论分析与归纳，首先概括基本的理论假设，以此为起点进行逻辑分析，在此基础上通过进行逻辑演绎而推导出结论，继而逐步放松各假设，使推导出的结论与现实更接近。经验实证则是通过统计、分析和处理大量的事实与数据，来检验理论实证得到的假说。理论实证与经验实证是相互联系的。例如，本书对我国上市公司管理者报酬激励与盈余管理的关系进行了理论分析，又运用上市公司的数据进行了实证研究，从而能够进一步把握上市公司管理者报酬激励与盈余管理之间的关系。

第四节 研究内容与创新之处

一 研究内容

本书在对上市公司管理者报酬激励与盈余管理关系的研究过程中，综合运用委托—代理理论、机制设计理论、现代契约理论、产权理论等经济理论，采用契约分析法、规范分析法和实证分析法等研究方法，沿着"理论分析—实证分析—对策研究"这一研究路线，对选题进行深入研究。除第一章绪论和第八章结论外，本书可以分为理论分析、实证分析和对策研究三部分。具体研究内容如下：

理论分析部分，包括本书的第二章和第三章。第二章"文献综述"，回顾了盈余管理相关领域的研究文献，以及管理者报酬激励与盈余管理关系的国内外研究成果，对文献进行述评并指出本书研究的问题。在文献综述的基础上，本书第三章"管理者报酬激励与盈余管理的理论分析"，首先考察了管理者报酬激励与会计信息的关系；其次研究了公司治理对盈余管理的影响；最后建立了管理者报酬激励与盈余管理的理论模型，在假设管理者报酬激励与公司业绩相关从而管理者具有盈余管理动机的情况下，研究管理者报酬激励与盈余管理的关系。

实证分析部分，包括本书的第四章、第五章和第六章。第四章"上市公司管理者报酬激励与公司业绩的实证分析"，结合我国上市公司管理者报酬激励的制度演变，以我国上市公司为样本，实证检验上市公司管理者报酬激励与公司业绩的相关性，研究发现上市公司管理者报酬激励与公司业绩正相关，说明管理者可能存在基于报酬的盈余管理动机。第五章"上市公司管理者报酬激励与盈余管理的实证分析"，在第四章证实了上市公司可能存在基于报酬的盈余管理动机基础上，结合我国的公司治理环境，认为我国上市公司还存在进行盈余管理的可能，并通过实证检验得出结论，发现上市公司管理者报酬激励与盈余管理的正相关关系。在此基础上，将盈余管理从公司业绩中剔除，通过检验管理者报酬激励水平与剔除盈余管理之后的公司业绩之间的关系，分析管理者报酬的激励效应。第六章"上市公司盈余管理的经济后果研究——基于投资的实证分析"，在第五章研究的基础上，说明上市公司的盈余管理行为对企业投资行为产生的影响，分别检验了盈余管理对投资规模和投资效率的影响，得到盈余管理与企业投资效率正相关的研究结论。

本书的第七章是对策研究部分。提出完善上市公司管理者报酬激励机制的政策建议，包括合理确定报酬结构和报酬水平，以及完善业绩考评制度和报酬披露制度。

本书结构如图1-1所示。

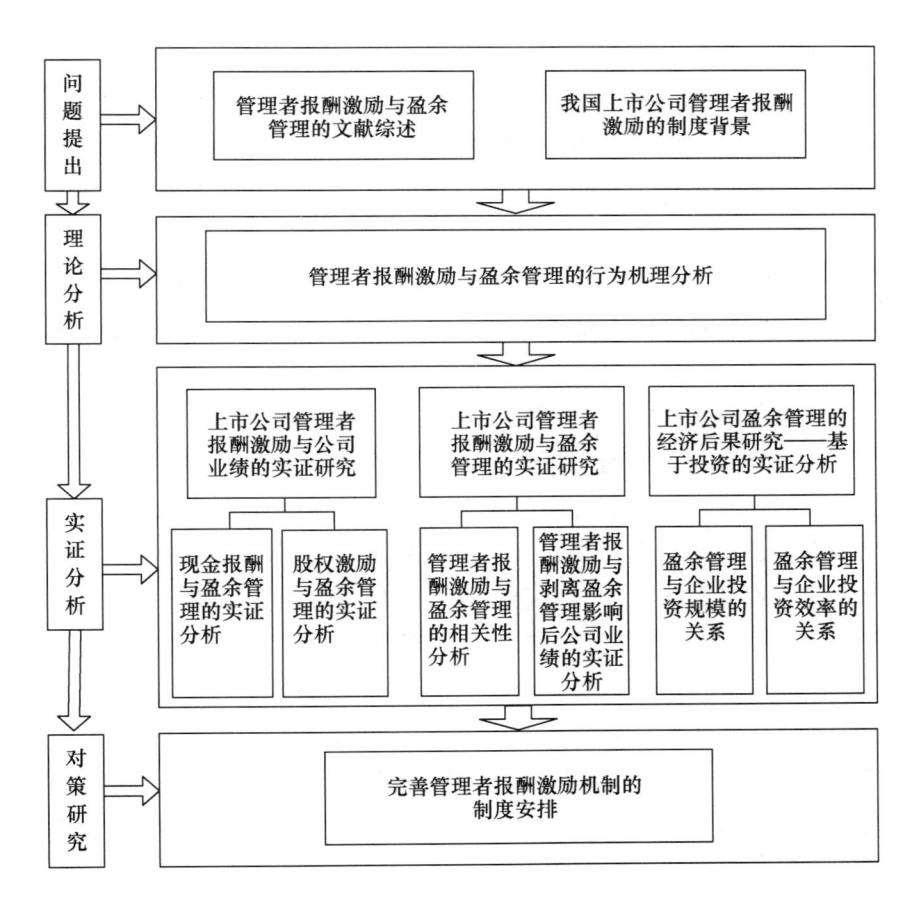

图1-1 本书结构

二 创新之处

本书在综述国内外相关研究成果的基础上，结合我国上市公司管理者报酬激励机制演变的制度背景，综合运用委托—代理理论、机制设计理论、产权理论等经济理论，采用规范分析、实证分析等研究方法，对上市公司管理者报酬激励与盈余管理问题进行了研究。本书的创新之处主要体现在以下几个方面。

(一)建立了研究管理者报酬激励与盈余管理关系的理论模型

该模型在假设管理报酬激励与公司业绩相关从而管理者具有盈余管理动机的情况下,通过对管理者报酬激励与盈余管理关系的研究,得出如下三个结论:一是推导出盈余管理发生的充分必要条件,即管理者努力提高公司业绩的成本大于管理者进行盈余管理的成本;二是这两种成本的高低取决于公司内外治理机制的完善程度;三是盈余管理机会的存在一定程度上抑制了管理者报酬的激励效应。

(二)从管理者报酬激励引发盈余管理的动机和管理者进行盈余管理的可能两方面考察了上市公司管理者报酬激励对盈余管理的影响

与以往研究相比,本书首先通过对上市公司管理者报酬水平与公司业绩之间相关性的实证研究,证明两者呈显著正相关,说明管理者可能产生基于报酬的盈余管理动机;然后,在此基础上,结合我国上市公司的治理环境,分析其存在盈余管理的可能,通过对上市公司管理者报酬水平与盈余管理之间相关性的实证研究,证明两者呈正相关,说明管理者存在盈余管理行为。

(三)将管理者报酬激励效应与盈余管理相结合

本书在实证分析管理者报酬水平与盈余管理相关性的基础上,将盈余管理从公司业绩中剔除,检验管理者报酬激励水平与剔除盈余管理之后的公司业绩之间的关系,结果表明两者呈负相关,说明管理者报酬没有起到应有的激励作用。

(四)从投资角度研究管理者报酬激励下公司盈余管理行为的经济后果

本书从投资角度实证检验盈余管理的经济后果,考察盈余管理与企业投资行为的影响,结果表明盈余管理与企业的投资规模和投资效率都具有相关性,盈余管理有可能引发更多的非效率投资。

此外,本书理论联系实际,为完善我国上市公司管理者报酬激励机制、抑制管理者盈余管理行为提出具有一定理论参考价值的建议和对策。

第二章 文献综述

自 20 世纪 80 年代以来，盈余管理就是财务会计界研究的热门领域，研究范围非常广泛，也积累了非常丰富的研究成果。研究所涉及的方面从早期关于盈余管理的定义、动机、度量方法等，逐步拓展至投资者保护、内外部治理环境与盈余管理的关系，以及盈余管理的经济后果等方面。本书对与管理者报酬激励密切相关的盈余管理的动机、盈余管理的主要制约因素以及盈余管理的度量方法进行回顾，继而对管理者报酬激励与盈余管理的研究文献进行梳理和综述，为后续研究提供文献支持。

第一节 盈余管理的相关研究综述

一 盈余管理的动机

较早有关盈余管理动机的文献认为，会计信息在资本市场的决策有用性会导致管理者有目的的会计政策选择，资本市场的激励是盈余管理的主要动机。随后实证会计理论发展起来，该理论提出了盈余管理动机的三大假设：奖金计划假设、债务契约假设和政治成本假设。这些假设认为公司内部契约的激励是盈余管理行为的主要诱因（Watts and Zimmerman，1986）。

奖金计划假设认为管理者的薪酬计划与会计政策选择相关。实施奖金计划的公司，其净利润等代表财务绩效的会计指标常用来作为管理层工作业绩的评价，会计信息成为薪酬激励契约缔结、实施与评价的重要因素，这就使得管理者可能通过会计政策选择等方式，将未来期间的盈余转至当期从而增加个人收益。希利（1985）是对奖金计划下的盈余管理行为进行研究的典型代表。希利的研究发现，当奖金计划中规定了管理者奖金上下限时，管理者会选择能够降低报告盈余的会计政策，若奖金计划中没有该种限制，则管理者就倾向于选择报告盈余的会计政策。德乔等（Dechow et al.，1995）发现，公司执行总裁在任期最后几年削减研发费用开支以增加报告盈余。德安吉洛（DeAngelo，1988）发现，在代理人考察期，现任经理会运用会计估计来增加报告盈余。瓦茨和齐默曼（Watts and Zimmerman，1990）提出假设，认为若其他条件保持不变实施奖金计划的企业的管理人员更有可能把报告盈利由未来期间提前至本期确认。Beneish（2001）发现，高估收益的公司高管人员在收益被高估的期间更有可能卖掉其持有的公司股份或行使其股票期权。

债务契约假设认为，由于债务契约中的保护性条款能够产生对公司经营管理的限制，管理者可能因此而改变会计政策，通过会计政策选择提高公司的当期收益，尤其是当公司即将或实际上已经面临违约的时候。Sweeney（1994）对由于借款合同导致盈余管理的情况进行了研究，比较了违约的公司和没有违约的公司样本，结果发现，这些公司在违约前后年份具有明显的有倾向性的会计选择行为，进行了一定程度的盈余管理。Defond and Jiambalvo（1994）对违反债务契约的样本公司进行检验，发现临近债务契约边界的公司进行盈余管理的证据。

政治成本假设认为，当公司存在政治成本并且政治成本增大时，管理者可能选择将当期盈余递延的会计政策，以降低公司当期盈余，从而降低政治成本。政治成本假设更多的是基于国外对于垄断企业的监管或企业为获取政府保护所采取的会计政策选择。琼斯（Jones，1991）通过实证研究，检验了在美国国际贸易委员会进口救济调查期间被调查公司调低报告盈余的行为。她通过研究发现，此时被调查公司调减应计利润的金额明显大于未调查的年份，也就是说，为了得到进口救济，被调查企业调低了当期收益。凯（Key，

1997）对美国电报电视行业公司在接受国会有关服务费率的调查时是否存在盈余管理行为进行检验，发现了盈余管理的证据。行业监管同样会引发盈余管理行为。科林斯等（Collins et al.，1995）基于7项可能的盈余管理选项的测试，发现近一半的样本银行运用5种以上的方法操纵行业规定的资本。阿迪尔（Adiel，1996）也提供了有关行业监管的盈余管理行为频率的证据。Monem（2003）研究认为，澳大利亚政府对金属采掘行业征收所得税的情况下，公司会在政府政策拟订和审议期间向下进行盈余管理，从而调低会计数字以避免税负的增加。

理论界关于盈余管理动机的研究，在20世纪90年代回归至对资本市场的考察。比如，管理者为了误导投资者对公司的判断而进行盈余管理，或是为了迎合分析师对于公司盈余的预期，而对公司的短期盈余进行管理。Teoh等（1998a，1998b）研究了美国上市公司IPO与股权再融资（SEO）之后盈余下滑的现象，发现了上市公司在IPO与SEO之前，会通过调高应计利润夸大盈余。Aharony、Lee和Wong（2000）发现，IPO企业的平均资产利润率在发行新股的前两年开始上升，在发行新股所在年份达到顶峰，在随后3年则呈现下降态势，并认为公司上市过程中盈余管理的动机和机会的大小与其上市地点和所处行业有关。Burgstahler和Eames（2006）发现管理当局为了避免报告盈余低于分析师的预测而采取一些行动调高盈余。Abarbanell和Lehavy（2003）利用分析师的股票买卖建议预测盈余管理的方向。他们发现，那些得到分析师购买建议的公司更有可能管理盈余以满足分析师的盈余预测，得到分析师抛售建议的公司更有可能利用负的未预期应计项目进行盈余管理。Kasznik（1999）发现，不符合分析师盈余预测的公司利用未预期的应计项目使盈余上升。德乔和斯金纳（Dechow and Skinner，2000）指出，盈余临界点之间是有先后顺序的，即避免亏损、比上期增加盈余、迎合分析师预测。公司总是先满足较低一级的目标，然后逐级递进。

我国资本市场环境、政府监管、法律保护程度等都与发达国家存在一定的差异，因此，我国学者王跃堂（2000）认为，这三大假设在中国缺乏明显的证据支持。蒋义宏和魏刚（2001）曾将中国上市公司盈余管理的动机概括为"扭亏为盈假设"、"配股资格假设"和"高价发行假设"新三大假设，这些假设已经被国内外许多学者所证实。

陆建桥（2002）研究发现，亏损公司在首次出现亏损年份，存在显著的非正常调减盈余的应计会计处理，在首次出现亏损前一年度和扭亏为盈年度，又明显存在着调增收益的盈余管理行为。吴联生等（2007）研究了亏损上市公司盈余管理的频率和幅度，发现1995—2003年中国上市公司存在为了避免报告亏损而进行的盈余管理。张昕（2008）对上市公司在第四季度进行盈余管理以避免当年亏损或下一年亏损的行为进行了实证研究，发现上市公司的确会在第四季度进行盈余管理来实现当年扭亏为盈或者调低利润，为下一年扭亏做好准备。蔡春等（2012）的研究则证实了上市公司中的濒死企业会实施盈余管理。

孙铮和王跃堂（1999），陈小悦、肖星和过晓艳（2000）等的研究认为，上市公司为了达到配股要求，存在盈余管理的行为。李志文和宋衍蘅（2003）研究表明我国上市公司配股后存在着普遍的利润下滑现象，这说明我国上市公司普遍存在为配股而操纵利润的行为。陆宇建（2002）通过实证检验，提供了上市公司盈余管理行为随着配股政策的演进而改变的证据。魏明海（2000）、洪剑峭和陈朝晖（2002）的实证研究也证实了，我国A股上市公司IPO前盈余管理的存在及其对募股前后公司报告收益表现的巨大影响。杨旭东和莫小鹏（2006）采用直方图法和概率密度函数法相结合的方法，在对每个上市公司连续三年的ROE分布情况进行跟踪观察的基础上，研究了新配股政策出台后上市公司的盈余管理现象，发现配股政策对盈余管理具有一定的导向作用。蒋义宏（2002）论证了EPS略高于盈亏临界点的上市公司确实存在利润操纵的行为。蔡春等（2013）研究发现，IPO企业不仅实施了应计盈余管理，而且实施了真实盈余管理；IPO企业对盈余管理方式的选择是在发行价最大化原则下权衡的结果，当公司面临的法律保护水平较低、处于管制行业、审计师为非国际"四大"时，选择真实盈余管理更有利于提高股票发行价。黄晓薇和郭敏（2014）研究发现，配股制度的财务门槛诱导了盈余管理行为，降低了企业的长期绩效，随着财务门槛制度的放松，企业盈余管理行为明显减弱。

随着我国资本市场的发展和现代企业制度的逐渐完善，我国学者也逐渐对国外三大假设在我国资本市场的效应进行实证检验。由于研究的时段与样本的差异，在对三大假设的实证研究中，学者们的研究结论存在一定的分歧。何问陶和倪全宏（2005）通过分析2002年15家MBO的公司数据，未能发现管理层在MBO前一年采用了减少报告盈余的会计应计的统计证据，而白云霞和吴联生（2008）则发现国有企业在国有股权私有化前存在降低收益的盈余管理行为。李延喜等（2007）发现，管理层薪酬水平与调高的操控性应计利润高度正相关，证实了薪酬激励是我国上市公司盈余管理问题的一个基本诱因。而罗玫和陈运森（2010）研究认为，以会计盈余为绩效评价指标的薪酬激励没有使公司高管更为显著地操纵盈余。肖淑芳等（2009）研究了上市公司股权激励管理办法颁布以来，披露股权激励计划的上市公司在股权激励计划公告日前经理人的盈余管理行为。研究发现，在股权计划公告日前的三个季度，经理人通过调整操控性应计利润进行了向下的盈余管理行为，而公告日后的盈余存在反转现象。张娟和黄志忠（2014）发现，高管货币薪酬激励能显著抑制其机会主义盈余管理行为，但这种现象在高管拥有股权激励的情况下表现较弱。尤其是当民营上市公司高管持股比例较小时，股权激励反而导致高管的机会主义盈余管理行为增加。章卫东等（2014）发现，上市公司在股票期权激励授权前进行了负的盈余管理，并且国有控股上市公司在股票期权授权前进行负的盈余管理程度要高于民营控股上市公司。

张晓东（2008）选择高油价时期石化行业公司作为研究对象，探讨政治成本与盈余管理的关系及相应的经济后果。研究发现，出于规避政治成本的需要，在油价飙升阶段，石化行业公司进行盈余管理以调减利润，但是盈余管理行为并未影响政府经济干预措施。随着研究的深入，更多盈余管理的动机被学者提出并证实。于忠泊等（2011）提出，大量的媒体关注给管理者带来了强大的市场压力，迫使其为了满足市场预期而进行基于应计项目的盈余管理，并且这种压力在分析师数量较多、机构投资者持股比例较高的情况下更加明显；但是，管理者并不会因为市场压力而采取对公司长期业绩损害较大的基于实际经营活动的盈余管理；相反，媒体关注会减少这种行为，并且在分析师数量较多、机构投资者持股比例较高的情况下减少得更加明显。何威风（2012）、何威风等（2013）提出晋升激励对管理者的盈余管理行为具有影响，并通过实证研究发现，非国有控股上市公司管理者比国有控股上市公司管理者、竞争性行业上市公司管理者比保护性行业上市公司管理者有着更强晋升动机的盈余管理行为。

从上述研究盈余管理动机的国内外研究文献可以发现，国外对于盈余管理动机的研究结论与我国学术界的研究结论存在较大差异。特别是在对于报酬激励动机的盈余管理研究上，我国学者是近几年才逐渐发现报酬激励成为盈余管理动机的经验证据，而管理者报酬激励却早就被西方学者证实为重要的盈余管理动机之一，产生这种差异的原因是与我国资本市场发展、现代企业制度改革密切相关的。

二 盈余管理的制约因素

盈余管理是利用会计政策选择或通过安排真实的交易调整会计信息的行为，因此盈余管理与会计准则密切相关，管理者进行盈余管理还会受到公司治理机制和外部审计的制约，这三个因素是盈余管理最主要的制约因素。

（一）会计准则对盈余管理的制约

任春艳（2004）研究了上市公司盈余管理与会计准则制定之间的关系，认为会计准则是制约盈余管理的关键因素，但由于会计准则本身的局限性，又是盈余管理的重要手段，并对我国会计准则的制定提出了政策建议。吴联生（2005）认为，会计域秩序是会计信息质量的基本评价标准，盈余管理研究的目的之一是为会计规则的制定提供依据，它除了关注会计规则的执行行为，还应将会计规则的制定作为一个重要的变量，即研究在采用不同原则、方式和程序所制定而成的会计规则下的不同盈余管理行为。赵春光（2006）发现，上市公司有利用资产减值政策进行盈余管理的行为，而于李胜（2007）研究表明，我国2006年颁布的新会计准则中禁止长期资产减值准备转回的做法有利于提高会计信息的相关性和稳健性。

然而，会计准则对盈余管理的制约能力是十分有限的。程书强和杨娜（2010）发现，2007年新会计准则实施后，上市公司的盈余管理行为依然存在，且上市公司主要是通过营业外利润和投资收益这两个非经常项目实现扭亏的。吴克平等（2013）认为，我国2007年的新会计准则虽然在一定程度上能够遏制上市公司的盈余管理，但也存在诸多隐患，为上市公司的盈余管理提供了一定的空间，并提出会计准则对有效遏制上市公司盈余管理的作用是非常有限的，会计准则制定得再好，若执行得不好，那也不可能达到理想的预期效果。

（二）公司治理与盈余管理

公司治理是制约盈余管理的重要机制。公司治理机制包括内部治理机制和外部治理机制，内部治理机制一般包括董事会、高管补偿与激励制度、股权结构及债务融资等，外部治理机制一般包括企业控制权市场、法律基础与政治环境、产品市场竞争程度与经理人市场的竞争程度。La Porta 等（1998）、Nenova（2003）、戴克和津盖尔斯（Dyck and Zingales，2004）等大量研究表明，一个国家的法律制度（包括立法和司法）是保护投资者利益不受内部人（控股股东和管理者）侵占的一个颇为有效的治理机制，法律保护越强，公司治理水平就越高，内部人私有收益也就越低。Leuz 等（2003）实证研究表明，盈余管理程度与投资者法律保护程度呈显著的负相关关系，在投资者法律保护较强的国家盈余管理程度较低，而在投资者法律保护较弱的国家盈余管理程度较高。李延喜等（2012）检验了不同地区外部治理环境对盈余管理的影响，研究了公司治理在薄弱的外部治理环境中发挥的替代保护作用。研究结果表明，外部治理环境因素显著影响上市公司的盈余管理，市场化程度越高、政府干预程度越低、法治水平越高，则公司的盈余管理程度越低；公司治理水平的差异会显著影响外部治理环境因素对盈余管理的关系，公司治理水平的提高可以有效减轻外部治理环境对盈余管理的负面影响。

支晓强和童盼（2005）利用我国上市公司2001—2003年的相关数据，考察了独立董事变更与公司盈余管理程度、公司控制权转移之间的关系，研究发现，公司的盈余管理程度越高，则独立董事变更概率和变更比例越高。第一大股东变更的上市公司要比未变更第一大股东的公司表现出更高的独立董事变更概率和变更比例。实证研究结果表明，独立董事缺乏独立性是当前我国独立董事制度未能在公司治理中发挥实质性作用的关键原因。王化成（2008）认为，董事会治理是影响盈余质量的重要因素之一。傅蕴英（2004）研究了董事会特征与盈余管理之间的关系，发现董事会规模与盈余管理正相关，董事长和总经理两职合一与操控性应计利润负相关，董事会开会次数与盈余管理负相关，独立董事比例与盈余管理程度正相关。王跃堂等（2008）通过实证研究，提出缺乏制衡的股权会形成"一股独大"的治理环境，这种治理环境对于财务信息质量有显著的负面影响，而聘用声誉良好的独立董事，则可以增强董事会的监督效力，制约大股东对于财务数据的操纵，提高财务信息质量。张兆国等（2009）通过实证研究发现，董事会规模、独立董事比例都与盈余管理有显著的相关关系。赵德武等（2008）认为，盈余稳健性是高质量会计信息的重要特征，他们从规模、能力、意愿和环境四个维度衡量了独立董事的监督力，通过实证检验，发现独立董事监督力对于企业盈余的稳健性有显著的正向影响，并且这种影响会随着公司治理状况的改善而增强，其中，独立董事的履职环境对于盈余的稳健性影响最大。李延喜等（2007）考察了董事会对于盈余管理的制约作用，发现董事会监管机制对于盈余管理的制约作用不明显，但董事会规模与调高的操控性应计利润显著负相关，说明规模较大的董事会能够降低盈余管理的程度。侯晓红和姜蕴芝（2015）以 2007—2012 年实施股权激励计划的非金融类上市公司为研究对象，运用主成分分析法提炼出涉及董事会、股权结构、机构投资者、外部审计四个方面的公司治理强度指标，实证检验高、中、低不同公司治理强度对股权激励与真实盈余管理关系的影响。研究显示，高公司治理强度能明显抑制股权激励诱发的真实盈余管理行为，随着公司治理强度的下降，其抑制作用消失。

Ronal 等（2004）、Peasnell 等（2005）大量的实证研究表明，独立董事的介入有助于强化董事会对管理者的监督作用，抑制会计舞弊行为，提高公司盈余质量。也就是说，独立董事比例与盈余管理程度呈负相关关系。帕克等（Park et al., 2004）以及 Xie 等（2003）也通过实证研究表明，具有金融机构从业背景的外部董事和拥有企业管理经验的独立外部董事越多，上市公司的盈余管理程度就会越小。但也有少数实证研究，如 Kesner 等（1986）、Donaldson 和 Davis（1994）等却没有发现这种关系，甚至有的认为是正相关关系。与国外市场经济发达的国家相比，我国于 2001 年才开始在上市公司中全面实施独立董事制度。自该制度实施以来，独立董事制度对公司盈余管理是否起到了抑制作用？这方面的实证研究不仅很少，而且结论也不一致。例如，张国华和陈方正（2006）、吴清华和王平心（2007）通过实证研究发现，独立董事比例与盈余管理程度呈显著的负相关关系，但蔡宁和梨丽珍（2003）、陈信元和夏立军（2006）等的实证研究却没有发现这种负相关关系。Anderson、Mansi 和 Reeb（2004）研究发现，从资本市场来看，董事会和审计委员会是影响财务报告可靠性的重要因素。Agrawal 和 Chadha（2005）研究证实，那些董事会和审计委员会中独立董事具有财务专业知识的公司，其盈余重述的可能性较低。Laux 和 Laux（2009）认为，完善董事会的功能结构可以抑制基于薪酬激励的盈余管理行为，并建立了将董事会结构与 CEO 薪酬激励敏感度和盈余管理相关联的模型。他们认为，董事会的主要职责本质上都是由各职能委员会履行，薪酬委员会对 CEO 的薪酬激励导致的盈余管理行为，实际上可以通过审计委员会的监督功能进行抑制。

大量的实证研究表明，控股股东持股比例越大，对盈余管理的动机和能力就越强，盈余管理程度就越高或盈余质量就越低（Fan and Wong, 2002；孟焰和张秀梅，2006；王化成和佟岩，2006；等等）。王化成（2008）通过实证，发现控股股东持股比例较高时提高了盈余质量。程书强（2006）从机构投资者持股和上市公司盈余信息关系的视角出发，分析机构投资者在公司治理中的作用。他以2000—2003年沪市A股为样本，经过研究发现，盈余信息及时性与机构持股比例正相关；公司治理结构合理、盈余信息及时性强是吸引机构投资的动因；机构持股比例与盈余管理负相关，即机构持股比例越高，越能有效抑制操纵应计利润的盈余管理行为，增强盈余信息真实性，说明机构持股参与公司治理能够改善公司治理结构，使上市公司的经营更加规范、有效。高雷和张杰（2008）实证分析发现，机构投资者持股能够提高公司治理水平，抑制企业的盈余管理行为，因此机构投资者能有效监督管理层的盈余管理行为。张兆国等（2009）发现，控股股东持股比例与盈余管理程度呈倒U形关系。薄仙慧和吴联生（2009）从盈余管理的角度考察了国有控股和机构投资者的治理效应，发现国有控股公司正向盈余管理水平显著低于非国有公司；随着机构投资者持股比例的增加，只有非国有公司的正向盈余管理水平显著降低。他们认为，从盈余管理的角度来看，国有控股和机构投资者有利于公司治理的改善。周冬华和赵玉洁（2014）深入分析了上市公司可供出售金融资产处置中的盈余管理动机以及各种公司治理机制对盈余管理动机的遏制作用。研究结果表明，不同的公司治理机制对上市公司可供出售金融资产处置中的各种盈余管理行为遏制作用并不一致，大股东持股比例对上市公司利用可供出售金融资产处置中的扭亏和"大清洗"盈余管理行为具有显著的遏制作用，但其他的公司治理机制对于遏制上市公司扭亏和"大清洗"盈余管理行为的效果并不理想。目前有关公司治理对于盈余管理的研究仍然在不断深入。

随着研究的深入，更多的公司治理因素被纳入盈余管理的研究中。方红星和金玉娜(2011)认为,高质量内部控制能够抑制公司的盈余管理,披露内部控制报告的公司具有更低的盈余管理程度。程小可等(2013)也得到类似的结论。范经华等(2013)研究内部控制和审计师行业专长对盈余管理的治理作用,研究发现高质量的内部控制有助于抑制公司的应计盈余管理行为,事务所的行业专长能同时抑制公司的应计和真实盈余管理行为。另外,内部控制与审计师行业专长在抑制公司的盈余管理方面存在互补关系,而不是替代关系,即公司的内部控制越好,越有助于发挥审计师行业专长对应计和真实盈余管理的治理作用。邓晓岚等(2014)提出,审计委员会与薪酬委员会的职位交叠程度越高,公司盈余管理越严重。陈玲芳(2015)研究发现,环境信息披露水平越高的企业的盈余管理程度越低。程锐等(2015)研究发现,企业慈善捐赠与真实盈余管理之间存在显著的负相关关系,也即慈善捐赠显著降低了企业的真实盈余管理水平。

(三) 外部审计与外部监管对盈余管理的制约

外部审计对于盈余管理也有较为显著的制约作用。德安吉洛(1981)提出,客户与事务所之间具有双边垄断关系。由于大客户会产生较高的审计费用,所以,审计师对于客户就产生财务依赖性,从而影响到审计师的独立性(Reynolds and Francis, 2000)。审计师为了把客户留住,有可能签发有利于客户的审计意见,其独立性就受到损害,并会进一步影响其对盈余管理的抑制。部分学者及美国证券监督管理委员会都认为,如果审计师对同一客户提供除审计服务之外的非审计服务,会进一步增加审计师对于特定客户的依赖性,而且非审计服务所涉及的管理职能,也会继续损害审计师的独立性(Firth, 1997; Levitt, 1998)。这些都将影响外部审计对于盈余管理的制约,部分学者对于这一点也进行了实证检验。弗兰克尔等(Frankel et al., 2002)研究发现,较高的审计费用能够对管理者的盈余管理行为进行抑制。Ashbaugh - Skaife 等(2007)对弗兰克尔等(2002)的结果提出质疑,认为其结果较大程度上受到了其研究设计的影响,其研究未发现非审计服务对审计独立性能够产生负向影响。范德·班威德等（Vander Banwhede et al., 2003）对比利时非上市公司和上市公司盈余管理进行研究，发现在存在调低利润的盈余管理行为的审计中，原"六大"会计师事务所的审计质量高于其他会计师事务所，说明会计师事务所的规模对审计质量的影响。

我国学者也就这一问题进行了研究。陈信元等（2004）和夏立军等（2005）并未发现审计任期损害中国注册会计师独立性的经验证据，却发现审计任期能够改善注册会计师的专业技能，从而提高了审计质量。刘启亮（2007）利用2003年我国上市公司的数据，研究了客户重要性对于审计师独立性的影响，以及是否影响其对盈余管理的制约。他的实证研究结果证实，客户重要性的提升会使得审计师更加谨慎，从而抑制了公司的盈余管理行为。但在规模较小的事务所里，审计师可能会允许客户进行一定程度的盈余管理，但小事务所对盈余管理的抑制作用还是大于客户重要性对盈余管理的影响，说明了事务所审计质量普遍有所提高，且大事务所对盈余管理的抑制作用大于小事务所。他的研究还发现，客户越重要，审计师越能注意管理当局的负向盈余管理行为，但却不能控制其正向盈余管理行为，事务所任期的延长能够增加上市公司盈余管理的空间。谢德仁（2011）研究了会计准则和资本市场监管规则在遏制公司盈余管理方面的作用，认为遏制上市公司的盈余管理应该从资本市场监管规则的改进入手，会计准则因其公共合约性质和不完备性，既没有责任也没有能力遏制上市公司的盈余管理行为。其实证研究结果显示，资本市场监管规则而非会计准则影响和制约上市公司是否利用债务重组来进行盈余管理。曹国华等（2014）检验了审计行为与盈余管理程度间的关系，研究发现审计行为能够在一定程度上抑制上市公司的盈余管理程度。具体而言，会计师事务所规模越大，上市公司未更换会计师事务所，且会计师事务所的审计收费越高，则上市公司真实盈余管理程度越低；若会计师事务所出具了非标准无保留意见，则上市公司的真实盈余管理程度更高。

三 盈余管理的度量方法

管理者进行盈余管理的手段既包括采用会计政策选择进行的利润调整，也包括安排真实交易对企业会计利润产生影响，还有学者认为，财务重述也是管理者进行盈余管理的手段。因此，针对这些盈余管理的手段，学术界对于盈余管理的度量方法主要包含三种：第一是基于非预期应计利润模型的盈余管理估计，第二是盈余分布法，第三是对真实盈余管理程度的度量。

（一）非预期应计利润模型

运用具体的应计项目进行盈余管理是盈余管理的主要手段（Healy and Wahlen, 1999; Jones, 1991），包括利用减值政策等会计准则对盈余的调整（赵春光，2006；代冰彬、陆正飞和张然，2007；王建新，2007；于李胜，2007）。非预期应计利润模型在盈余管理程度的估计上应用最为广泛。企业正常的应计利润为预期应计利润，企业由于某种动机而进行的盈余管理则是非预期应计利润。琼斯（1991）的琼斯模型和调整的琼斯模型是应用最广泛的非预期应计利润的模型，也是效果最好的（Dechow et al., 1995）。该模型对于盈余管理的估计过程是：首先计算应计利润总额，然后通过对样本进行分年度、分行业的回归求得系数，计算出非操控性总应计利润，二者之差即是估计的操控性总应计利润，也就是非预期应计利润，并以该值作为盈余管理程度的计量。非预期应计利润模型能够估计出单个公司的盈余管理程度，因此在国内外盈余管理的实证研究中，该模型被广泛运用。但是，该模型不能做到从整体上估计盈余管理程度，盈余分布法的产生解决了这一问题。

（二）盈余分布法

不同于非预期应计利润模型估计单个公司的盈余管理程度，盈余分布法是通过分析所有公司盈余的整体分布，检验盈余分布函数在阈值处的不连续来估计盈余管理的程度（吴联生等，2007）。Burgstahler 和 Dichev（1997）最早提出并将盈余分布法应用于盈余管理程度的估计。他们认为，如果不存在盈余管理，在统计意义上盈余分布函数应是光滑的，但如果在阈值处存在盈余管理行为，那么盈余分布函数中的阈值左边相邻间隔内的公司会异常少，而右边则会异常多，造成阈值处密度分布函数的不连续或不光滑。基于此，判断是否在阈值处存在盈余管理，就可转化为分析盈余分布函数在阈值处是否光滑或连续。王亚平等（2005）和 Chen 等（2010）都假设公司的真实盈余是服从正态分布函数的，因此他们通过参数估计推断阈值处盈余管理的频率与幅度。不过，这一方法也会受到其他因素的影响而导致判断不准确，因为无法剔除其他导致盈余分布函数不连续的因素。德乔、理查森和图拉（Dechow, Richardson and Tuna, 2003）、Durtschi 和 Easton（2005）以及比弗等（Beaver et al., 2003）都发现了盈余分布函数不连续的情况。因此，对盈余管理程度的估计仍然是盈余管理进一步研究的重点。

（三）真实盈余管理程度的估计

近几年来，有少数学者开始关注真实盈余管理方式。Roychowdhury（2006）认为，真实的盈余管理是管理层试图误导股东，以使股东相信公司是通过正常经营而达到财务目标，于是通过偏离正常经营情况的真实经营活动来操纵会计利润的行为。科恩等（Cohen et al., 2008）发现，在萨班斯法案通过前，公司应计盈余管理稳定地逐年增加，但是该法案发布后，应计盈余管理程度显著下降，而真实盈余管理则与此恰好相反，出现上升趋势。Roychowdhury（2006）和科恩等（2008）用异常经营活动现金流净额、可操控性费用和异常产品成本计算的实际盈余管理程度。计算方法是：首先计算出正常的经营活动现金流量、不可操控性费用和产品成本，再用实际数值减去正常值，即得到这三个指标的异常值。这些异常值就代表了公司采用实际盈余管理手段进行盈余管理的程度。我国新会计准则实施后，对一些具体会计准则进行了较大程度的调整，比如对于资产减值政策，长期资产减值转回就不再被允许，而这项政策就曾被学者证实为企业提供了进行盈余管理的手段。新准则的颁布就可能影响企业通过会计政策选择所进行的盈余管理行为，对真实盈余管理行为的度量就能成为在以上两种模型之外检验盈余管理程度的重要方式。

龚启辉、吴联生和王亚平（2015）研究了应计盈余管理与真实盈余管理之间的替代关系。研究发现，某类盈余管理成本的增加会导致此类盈余管理程度的下降而其他类盈余管理程度的上升，并且上升幅度低于下降幅度，从而使得盈余管理总量下降；相反地，某类盈余管理成本的下降会导致此类盈余管理程度的上升而其他类盈余管理程度的下降，并且下降幅度低于上升幅度，从而使得盈余管理总量上升。此外，他们的实证分析提供了真实盈余管理对应计盈余管理部分替代的经验证据，发现我国 2007 年取消长期资产减值准备转回之后，具有正向盈余管理动机的公司转回长期资产减值准备的概率显著下降和金额显著减少，通过处置长期资产而提高利润的概率显著上升及金额显著增加，而最终利用长期资产账面价值变化而提高利润的概率显著下降和金额显著减少。这一研究结果表明，在 2007 年实施新会计准则之后，单一的盈余管理度量方法并不能全面反映盈余管理的实际程度，多种度量方法并用才能更好地研究企业的盈余管理行为。在现有的研究文献中，大部分学者还是主要采用应计方法对盈余管理进行度量，盈余分布法和真实盈余管理较少被采用，但随着会计准则的逐步修订和监管环境的改善，真实盈余管理程度的估计可能将会被更为广泛地采用。

第二节 管理者报酬激励与盈余管理的研究综述

一 公司业绩与管理者报酬激励的研究综述

在所有权与经营权分离的现代企业制度下，管理者报酬激励是解决委托—代理问题的一项重要制度安排，也是公司治理机制的一个重要方面。所有者试图通过设计合理的薪酬契约，对管理者进行激励，使管理者在追求自身利益的同时达到所有者利益最大化的目标。在激励契约的设计中，有关会计信息、市场价值与管理者报酬激励计划的关联性成为研究者关注的重要内容。

詹森和梅克林（Jensen and Meckling, 1976）认为，管理者应持有公司股权以减轻股东和管理者间的委托—代理问题。霍尔姆斯特罗姆和米尔格罗姆（Holmstrom and Milgrom, 1987）也建立了一个简单的模型，在误差项服从正态分布的假设条件下，采用指数效用函数，说明最优契约合同中的管理者补偿与信号之间存在线性关系。也就是说，企业的管理者报酬应当与企业的业绩呈现出某种程度上的线性关系。此后，代理理论的实证研究逐渐丰富，其研究的核心问题是激励契约的有效性，也就是激励契约中的报酬与绩效的敏感度。如果激励契约有效，那么管理者报酬与公司绩效间就应该存在相关关系。

随后，一系列研究考察了管理者报酬激励与公司业绩的敏感度问题，试图通过研究这种关联性以更好地设计激励计划，实现提升公司绩效的目标。詹森和墨菲（Jensen and Murphy, 1990）利用美国上市公司20世纪60年代末以来近20年的数据进行估计，结果表明管理者报酬与业绩只有极低的敏感度，这一结果反映了管理者报酬对管理者努力的激励程度不够。霍尔和利伯曼（Hall and Liebman, 1998）利用美国20世纪80年代和90年代的数据估计出新的报酬业绩敏感度，这个报酬业绩敏感度较詹森和墨菲的估计值有很大的提升，这是因为，股票和股票期权激励使得报酬和业绩间的敏感度更强。

很多实证研究直接检验了管理者报酬激励与公司业绩的关系，包括检验各种报酬激励形式与以会计信息衡量的公司业绩、以市场价值衡量的公司价值或股东财富之间的关系，但这些实证研究结论却不甚一致。

其中一些研究结论表明，管理者激励和企业价值之间有正向相关关系（Coughlan and Schmidt, 1985; Schellenger, Wood and Tashakori, 1989）。Morck、Shleifer和Vishny（1988）认为，CEO的持股水平还不够高，应进一步增加CEO的股权激励以提高公司业绩。Yermack（1996）和Mehran（1995）研究了20世纪80年代进行股权激励的公司，发现这些公司的业绩会更好。霍根和刘易斯（Hogan and Lewis，1999）证明，采用剩余收入为基础的奖励计划能显著提升公司业绩。Kedia 和 Mozumdar（2002）研究了股权期权激励对于公司价值的影响，发现在某些企业中这种激励能够增加企业价值。Frye（2004）研究发现，以权益为基础的管理者薪酬和以托宾Q 值衡量的企业业绩有正相关关系。Sesil 等（2005）也发现了采用股票期权激励的公司的业绩更好的证据。Lilling（2006）采用了矩估计的方法，试图在消除内生性和企业特征的影响下检验二者的关系，结果发现 CEO 的收入与企业的市场价值表现出显著的相关关系。Giorgio 和 Arman（2008）检验了美国"新经济"企业的数据，结果也显示管理者报酬与公司业绩显著正相关。

也有研究结果表明，管理者报酬激励与公司价值并无相关性。Hirschey 和 Pappas（1981）认为，经理人报酬与企业业绩没有相关关系，Agrawal、Knoeber（1996）和 Himmelberg 等（1999）也得出了类似的结论。Himmelberg 等认为，股权激励水平主要由公司特征和管理者特征决定，监督水平较高的公司并没有较高的管理者持股，因为这些公司不需要较高的股权激励就能使管理者目标与股东目标一致。他们认为，管理者持有较高股权是为了解决监督的问题，并不能因此而带来超额的收益。

还有部分学者研究发现，管理者持股与公司业绩间是非线性关系。一些研究认为，当管理者持股水平较高时，会产生管理者侵占企业利益的现象，即堑壕现象（Faccio and Lasfer，1999；Cui and Mak，2002；Davies et al. ，2005）。这些研究发现，管理者持股比例与公司价值之间存在非线性关系，如随着管理者持股比例的提高，公司价值会先增后降。

我国企业的制度环境、产权性质和治理结构与西方发达国家有较大差异，随着我国国有企业改革和现代企业制度的建立，以及对公司治理问题的广泛研究，管理者报酬激励受到越来越多的关注，研究管理者报酬激励与公司业绩关系的文献也逐渐增多，并从货币薪酬激励逐渐拓展至管理者股权激励的研究。我国学者的研究结论也未取得一致结论，甚至有较大差异，这和实证研究的时间段有一定的关系。

　　20世纪末或21世纪初对于管理者报酬激励与公司业绩的关系研究，往往得出不相关或弱相关的结论，在某些情况下甚至是负相关的结论。魏刚（2000）以1998年A股上市公司为样本，深入分析了管理者的报酬结构，发现我国管理者报酬结构不合理、激励形式单一；在国有企业产权结构不完善的情况下，零报酬和零持股现象广泛存在，并且，实证研究结果表明管理者报酬与企业业绩之间不存在显著的正相关关系。李增泉（2000）也得出了同样的结论，并认为我国管理者报酬与企业的规模密切相关。张小宁（2002）利用2000年上市公司数据，分析了总经理报酬与公司业绩的关系，认为二者没有线性关系，但董事长持股影响公司业绩。李琦（2003）认为，公司规模对CEO薪酬有显著影响，但与会计业绩没有显著关系。宋德舜（2004）研究了董事长物质激励和公司绩效的关系，但结果却不确定。俞鸿琳（2006）研究了2001—2003年我国上市公司的数据，发现管理者持股水平与公司价值并无显著的相关关系，在国有上市公司中，甚至发现了二者之间较弱的负相关关系。顾斌和周立烨（2007）以2002年以前实施股权激励的公司为样本，应用统计分析方法，考察了这些公司2002—2005年实施股权激励后业绩的变化，发现这些公司实施股权激励后业绩并没有显著变化，激励机制未发挥出应有的积极效应，并且激励的效应根据激励形式和行业的不同也有所差异。

　　随着我国管理者报酬激励制度的实施以及激励形式的逐渐多样化，该问题的研究结论也与之前出现了较大变化。Kato和Long（2006）研究了中国上市公司管理者报酬与股东财富之间的关系，发现两者之间存在显著的正相关关系。王华和黄之骏（2006）从内生性视角研究了管理者股权激励、董事会组成和企业价值的关系，选取2001—2004年高科技上市公司的数据进行实证研究，发现管理者的股权激励和企业价值之间存在显著的区间效应，无论董事会组成有何差异，二者之间都呈现出显著的倒U形关系。周嘉南和黄登仕（2006）根据我国上市公司2002—2004年的数据，研究认为管理者报酬与公司绩效和股东财富都存在正向的相关关系，并进一步研究了报酬业绩敏感度与风险之间的关系，发现二者有较弱的负相关关系。杜兴强和王丽华（2007）认为，在考察公司业绩变化对高层管理者薪酬影响时，前一期的业绩变化也应作为考察对象。因为管理者薪酬很可能在公司当期利润之前就被决定了，并且存在延迟薪酬的现象和或有条款。他们分别考察了高层管理者的货币薪酬与公司业绩和公司财富之间的关系。其中，公司业绩以会计指标衡量，而公司财富则以市场指标衡量。其通过实证研究发现，高管薪酬与会计盈余代表的公司业绩呈正相关的关系，国有性质对于高管薪酬具有显著影响。我国上市公司管理者薪酬的确定，更依赖会计盈余指标，而非股东财富指标。谢茂拾和彭秀平（2008）研究发现，湖南上市公司高管薪酬总额的提高或下降并不影响公司财富的变化，但人均薪酬的提高或下降则会影响公司财富的变化。姚国烜和吴琼（2014）发现，金融保险业上市公司高管股权激励与公司绩效显著正相关。陈艳艳（2012）研究发现，股权激励对于某一年度的净资产收益率、净利润增长率与营业收入利润率具有提升作用，但不具有持续性，甚至会出现反转。在实施当年及之后四年时间内，实施股权激励的公司的上述指标的平均表现与不实施股权激励的公司无显著差异。换言之，股权激励无法有效提升公司的经营业绩。刘广生和马悦（2013）的研究结果表明，实施股权激励对上市公司的业绩提升具有一定效果，但影响不显著，股票期权的激励效果略好于限制性股票。

随着对这一问题研究的深入，我国一些学者开始研究管理者报酬激励机制的效应发挥所受到的公司治理结构的影响。刘凤委、孙铮和李增泉（2007）强调薪酬合约内生于特有的制度环境。基于激励的报酬合约，其有效性依赖一定的理论前提。我国的政府干预和竞争环境会导致高激励强度的薪酬合约并非最优选择。其实证检验发现，政府干预越多，会计业绩的度量评价作用就越小，外部竞争程度越低，会计业绩与管理者的报酬关联度就越弱。周建波和孙菊生（2003）研究了公司治理特征、管理者股权激励与公司业绩之间的关系，结果表明实行股权激励的公司往往在实行激励机制前业绩普遍较高；董事长和总经理两职合一的公司中，管理者持股数的增加显著高于两职分离的公司；在成长性高的公司中，股权激励与经营业绩的提高呈现显著的正相关关系，强制经营者持股、用年薪购买流通股以及混合模式的激励效果比较好。其研究还表明，在内部治理机制较弱的公司中，管理者有动机利用股权激励机制攫取私有收益、谋取股东利益，因此成立独立的薪酬与考核委员会等机构作为股权激励的实施主体十分必要。夏纪军和张晏（2008）认为，我国公司大股东控制权与管理层股权激励之间存在显著冲突，并认为这种冲突是解释国有企业股权激励效果不显著的重要原因。周仁俊和高开娟（2012）发现，大股东控制显著影响股权激励效果。国有控股上市公司大股东控股对管理层的监督作用明显，随着第一大股东持股比例的增大，对管理层的股权激励效果增强；民营控股上市公司大股东控制与管理层股权激励之间存在冲突，第一大股东持股比例越高，股权激励效果越差。高新技术企业大股东控制与管理层股权激励之间存在冲突；非高新技术企业中第一大股东控股管理层股权激励存在不明显的监督作用。

虽然国内外对于该问题的研究结论不甚一致，但管理者报酬激励毫无疑问已成为重要的公司治理机制。学者们一方面试图通过对二者关系的研究为激励制度的实施提供现实依据，另一方面试图找到设计最优的激励计划以达到其治理效应。由于激励契约与公司业绩和股东财富的关联性，以及会计信息在这一关系中所发挥的重要作用，管理者报酬激励对盈余管理的影响进入研究者的视野，并逐渐成为会计研究的一大热点问题。

二 管理者报酬激励影响盈余管理的研究综述

管理者报酬激励是基于委托—代理理论的公司治理机制的重要内容，主要通过设计与企业利润或企业价值相关联的薪酬契约，以实现所有者财富最大化的目标。由于薪酬契约与会计信息和企业价值的关联性，管理者报酬激励很早就被国外学者认为是盈余管理的主要动机之一。瓦茨和齐默曼（1986，1999）提出盈余管理动机的三大假设：奖金计划假设、债务契约假设和政治成本假设。其中，奖金计划假设认为，其他条件不变时，实施管理者奖金计划的企业的管理人员更可能将报告盈余由未来期间提前至本期确认，这实际上是一种机会主义行为。随后，诸多实证研究证实了管理者基于激励动机的盈余管理行为，有关管理者报酬激励与盈余管理关系的研究也成为西方盈余管理研究中的热点问题。

利用会计应计项目，通过会计政策选择调整盈余是盈余管理的重要手段。由于管理者的某些薪酬契约和奖励计划与会计盈余相关联，所以一些国外学者检验了在奖金计划之下，管理者对于会计应计项目的调整。希利（Healy，1985）研究指出，设置了奖金上限的公司，其管理者在达到奖金上限的情况下，更可能在编制报表时采用递延收益的方法调整盈余。Holthausen、Larcker 和 Sloan（1995）的结论与此结论一致。加弗、加弗和奥斯汀（Gaver, Gaver and Austin, 1995）延续了希利关于会计应计项目与奖金计划界限关系的研究，发现在盈余落入较低的奖金下限之前管理者会选择增加收入的会计应计项目调整盈余。Balsam（1998）认为操控性应计项目与现金薪酬有关，他发现管理者可以通过会计政策选择增加薪酬。Guidry、Leone 和 Rock（1999）检验了奖金最大化假设，即管理者做出操纵应计项目的决策来最大化他们的短期收益。他们的发现与希利（1985）的研究结论也是一致的。

管理者也会通过调整会计盈余来影响公司的股票价格，以最大化与股票或股票期权相关联的薪酬。Beneish（2002）发现，管理者夸大公司盈余来影响股票价格，并在股票价格上涨时出售其所持股票或实现其股票增值权。Gao 和 Shrieves（2002）也发现管理者报酬激励中的股票期权奖励与盈余管理存在显著的高度正相关关系。Gillian、Patricia、Kim 和 Chen（2002）以新加坡上市公司为样本研究发现，管理层持股比例与盈余的信息含量并不是线性关系，当管理层持股比例较低时，盈余的信息含量与管理层持股比例正相关；当管理层持股比例较高时，盈余的信息含量与管理层持股比例负相关。列文和休斯（Levine and Hughes，2005）通过模型构建，研究认为，管理者报酬激励及其引起的会计政策选择可作为信号，以降低资本市场信息不对称和融资成本。Cheng 和 Warfield（2005）应用 1993—2000 年基于股票薪酬和股权的数据，证明持有较高股权的管理者在接下来的时期会出售更多的股票，发现高股权激励的管理者更可能报告盈余使之能够达到或超过分析家的预期，结果表明股权激励会导致盈余管理。Erickson、Hanlon 和 Maydew（2006），Denis、Hanouna 和 Sarin（2006），科恩等（2008）也认为，持有较高股票或期权的 CEO 更可能在将来出售它们，因此具有较高的盈余管理的动机。Bergstresser 和 Philippon（2006）发现，在 CEO 的潜在薪酬与他们所持有的股票或期权价值联系越紧密的公司中，利用操控性应计项目操纵报告盈余就越显著。另外，在应计收益较高的年份，CEO 会行使数额巨大的期权，并会卖掉高额度的股票。Efendi、Srivastava 和 Swanson（2006）提出，高估股票价值会产生代理成本，CEO 的财富与公司价值联系越紧密，CEO 就越倾向于通过向上操纵盈余来保持他们的高收益。考虑到股票价格在长期可以修正（盈余操纵仅能暂时虚增公司价值），CEO 就不得不卖掉股票来实现他们通过盈余操纵得到的利益。

在近几年有关管理者报酬激励与盈余管理的文献中，研究者在考察二者关系的同时，也关注了外部监管环境与公司内部治理结构对这一关系的影响。Goldman 和 Slezak（2004）发现，与公司股价相关的薪酬使得 CEO 有操纵会计信息的动机，并分析了监管水平外因的变化如何影响薪酬激励敏感度和操纵的平衡水平。Cornett、Marcus 和 Tehranian（2009）通过实证研究，证明公司对 CEO 的期权激励会使盈余管理水平增加；当有更多的来自资本方的对于管理者的监控时，比如机构投资者持股、董事会中的机构代表以及外部独立董事，盈余管理水平会降低。Laux 和 Laux（2009）认为，CEO 的薪酬激励会引发盈余管理行为，但是通过董事会功能结构的设置可以对其进行抑制。Beaudoin（2008）检验了短期津贴的激励结构、信息不对称以及公司社会责任对于盈余管理的影响，并通过实证研究得出结论，认为公开承诺承担社会责任的公司能影响管理者的会计应计决策以及抑制其盈余管理行为。Chih、Shen 和 Kang（2008）的研究也证实，公司社会责任的履行和投资者保护水平的提高，明显降低了管理者平滑盈余和避免亏损的盈余管理行为。Dikolli、Kulp 和 Sedatole（2009）则发现，当公司中出现短暂的实力较强的机构投资者时，公司的管理者会出现基于报酬动机提升公司盈余的盈余管理行为，机构投资的短期到来不仅没有改善公司治理的效果，反而增加了管理者基于报酬的盈余管理动机。

相较于国外学者的研究，我国学者对这一问题关注时间较晚，这与我国资本市场、企业激励机制的发展状况有关。由于我国政府对证券市场的监管政策严重依赖会计盈余数据，我国学者在 21 世纪初对盈余管理动机的研究，主要集中在上市公司为了实现上市、满足再融资需要或为了避免被特别处理甚至退市而利用盈余管理以迎合监管的行为。王跃堂（2000）分析了上市公司对三大减值政策（存货、短期投资和长期投资）的应用，通过对上市公司会计政策选择行为及其经济动机的实证研究，表明西方的三大盈余管理动机假设在中国缺乏明显的证据。蒋义宏和魏刚（2001）则将中国上市公司的动机概括为"扭亏为盈假设"、"配股资格假设"和"高价发行假设"，管理者报酬激励动机并未包含其中，并且这些假设也被国内许多学者的实证研究所证实（陈小悦、肖星、过晓燕，2000；李志文、宋衍蘅，2001；陆建桥，2002；Aharony，Lee and Wong，2000；魏明海，2000；洪剑峭、陈朝晖，2002；陆正飞、魏涛，2006）。李维安和张国萍（2005）建立了经理层治理评价指数，指出中国上市公司激励约束机制严重不足，股权激励约束最为弱化。但是，高管人员的薪酬动态性加强，有相当数量的公司薪酬与绩效关联的比例超过 50%。一些学者开始呼吁加强管理者报酬激励机制建设，建立管理层持股、股票期权等薪酬激励制度（"中国企业经营者激励约束机制及其有关政策研究"课题组，2002；朱国泓、方荣岳，2003；李银珠，2006），以完善公司治理机制，提升公司绩效。2006 年《上市公司股权激励办法》实施以来，越来越多的学者关注管理者激励机制，特别是股权激励对于盈余管理的影响，但结论却不甚一致。

部分学者在研究公司治理问题与盈余管理的关系时，将管理者持股作为公司治理机制的一个主要因素进行研究。刘斌等（2003）研究发现，无论是增加或降低 CEO 薪酬，管理者持股均不导致盈余管理或利润操纵的机会主义行为。王化成（2008）、张兆国等（2009）都考察了管理者持股比例对于盈余管理的影响，发现我国企业目前管理者持股水平较低，几乎没有统计学上的意义，管理者持股比例与盈余管理的关系不显著。程小可等（2015）研究发现，CEO 持股能够抑制民营上市公司真实活动盈余管理，并且随着 CEO 持股比例的增加，真实活动盈余管理水平下降；董事长与 CEO 两职兼任时，CEO 持股对真实活动盈余管理的抑制效应会加强。

王克敏和王志超（2007）应用 LISREL 模型，分析了高管报酬与盈余管理行为的相关性，并在此基础上考察了高管控制权对高管报酬诱发盈余管理程度的影响，实证结论表明，高管报酬与盈余管理正相关，在引入高管控制权因素后，即当总经理来自控股股东单位或兼任董事长时，高管控制权的增加提高了高管报酬水平，但却降低了高管报酬诱发盈余管理的程度。李延喜等（2007）通过实证研究，发现管理层薪酬水平与调高的操控性应计利润高度正相关，证实了管理层激励也是我国上市公司盈余管理的诱因之一，并且认为较高的公司治理水平是约束管理层盈余管理的重要因素。邹海峰和陈晓（2007）发现，上市公司利润操纵行为与实际控制人股权集中度和管理层报酬之间存在显著的负相关关系，这种关系在实际控制人为非国家股东时更加明显，在实际控制人为国家股东时则不明显。朱星文等（2008）论证了经理报酬、盈余管理和董事会三者之间的关系，发现盈余管理对经理报酬业绩敏感度具有显著的正向影响，表明当经理报酬契约基于会计业绩设计时，经理有动机为增加其报酬而利用盈余管理调增会计收益，但董事会未能很好地履行职责对盈余管理行为进行监督和纠正。

一些学者以实施股权激励的公司为研究对象，考察管理者激励与盈余管理的关系。肖淑芳等（2009）检验股权激励计划公告日前经理人的盈余管理行为，发现经理人通过操纵性应计利润进行向下的盈余管理，而公告后存在反转现象。耿照源等（2009）发现，实施股权激励的公司比未实施的公司表现出更严重的盈余管理。赵息等（2008），严玉康（2008），王兵、卢锐和徐正刚（2009）等也得出了管理者股权激励与盈余管理正相关的研究结论。苏冬蔚和林大庞（2010）研究发现，股权分置改革后尚未提出股权激励的上市公司，其CEO股权和期权占总薪酬的比率与盈余管理呈显著的负相关关系；而在提出或通过激励预案的公司中，其CEO股权和期权报酬与盈余管理的负相关关系不再显著。盈余管理加大了CEO行权的概率，而且CEO行权后公司业绩大幅下降。肖淑芳等（2013）研究发现，股权激励比例、管理权力大小与盈余管理程度显著正相关，说明股权激励是诱发盈余管理的直接动因，而管理权力的存在又加剧了这种操纵行为。王素霞（2015）研究发现，实施股权激励的企业盈余管理强度明显较大，在面对高质量独立审计监督时，管理者通过应计盈余管理获得股权激励收益的动机下降，而实施真实盈余管理的动机上升。

第三节 盈余管理经济后果的研究综述

最初研究盈余管理经济后果的文献，研究内容多为盈余管理的直接经济后果，如盈余管理后续年度公司业绩的变化等。大部分学者在研究盈余管理的经济后果时，首先考察的是盈余管理的直接经济后果。Teoh等（1998b）、Rangan（1998）、Shivakumar等（2000）认为，企业在股权再融资前进行的盈余管理导致了股权再融资后公司业绩的下滑。关于从投资的视角研究盈余管理的经济后果，目前国内外学者对于盈余管理影响企业内部投资决策的研究相对较少。

国外学者拜德尔和希拉里（Biddle and Hilary，2006）、弗迪（Verdi，2006），以及布什曼等（Bushman et al.，2011）发现了会计信息与企业投资决策的关系，但没有阐明会计数据的故意扭曲是否会影响企业投资。拜德尔和希拉里（2006）发现，公司的盈余质量与投资的现金流敏感度负相关，这说明，在会计信息质量较高的公司，融资约束对于企业投资决策的影响较小。弗迪（2006）研究了美国20多年间上市公司的数据，发现会计信息中应计项目的质量与过度投资和投资不足都显著负相关，同时，他认为投资不足主要是由财务报告质量的内生因素所导致，而过度投资则同时受到财务报告质量的内生性和操控性应计项目的影响。他的研究说明，较高质量的会计信息可以抑制企业的无效率投资，操控性应计项目是度量企业盈余管理程度的主要方法之一。他的研究为进一步探讨盈余管理与企业投资决策的关系提供了一定的理论和实证基础。布什曼等（2011）提出，及时在会计上确认经济损失有助于减少管理者投资净现值为负的投资项目。他们还发现，经济损失在会计上适时的确认能够抑制过度投资，实际上，适时确认损失能够使得投资机会减少，从而减少管理者的无效率投资。以上这些文献都为盈余质量与企业投资行为之间的关系研究提供了理论和实证证据，但是却没有涉及会计信息的故意扭曲将如何影响企业的投资决策。

部分国外学者在其研究中讨论过盈余管理与企业投资决策之间的关系，而有些研究似乎是间接说明了这种关系。德乔等（1996）研究了被监管部门强制审查的公司并得出结论，认为寻求外部融资的低成本是盈余操纵的一个重要动机。根据德乔等的研究可以推测，这些资金往往被用于资本投资。当管理者遇到有利可图的投资项目却面临融资约束时，就可能为了获取投资需要的资金而操纵盈余。Bar–Gill 和 Bebchuk（2003）在其理论研究中提出，无效的投资项目更容易被那些之前错误报告盈余的公司接纳，因为这样的公司夸大了他们的财务结果，能够获得较便宜的资本。这个结论的言外之意是，企业对以较低的成本获得的资金的收益不会看得那么重要，可能更愿意用这笔资金做风险较大的投资。支持这种观点的证据在 Wang（2006）的论文中找到了。Wang 的研究发现，错误报告盈余的公司更容易在研发、股票融资并购以及买股票上进行过度投资。Kedia 和 Philippon（2009）的研究认为，公司夸大他们的业绩是向业绩较好的公司靠拢，而为了避免检查，这些公司会通过过度投资来模仿那些真实业绩较好的公司。

在国外学者的研究中，麦克尼科尔斯和斯塔本（2009）对盈余管理导致企业投资决策的无效率做了较为详细的实证分析。他们考察了公司是否会通过盈余管理扭曲财务信息以做出次优的投资决策。他们在1978—2002年的美国上市公司中选择被普遍认为进行了盈余管理的公司为样本，包括由于会计政策不正常被证监会调查的公司、由于不合适的会计政策被股东诉讼的公司和进行了财务重述的公司，通过实证检验发现，在这些公司的财务报告错误期间，公司的过度投资相当严重，而在财务报告错误期间以后，这些公司不再过度投资，在其财务信息得到纠正以后，这些公司的投资也变得更有效率。他们还研究了有较高盈余和操控性应计利润的公司，也得到了同样的结论。根据这些实证结论，他们提出，虽然学者普遍认为盈余管理是把公司的外部人作为影响的目标，而实际上，盈余管理一样可以影响企业的内部决策。

我国学者对于盈余管理与企业投资决策关系的研究较少。何青（2006）发现我国上市公司投资行为与盈利水平关系密切。欧阳凌、欧阳令南和周红霞（2005）通过建立理论模型发现，在信息不对称的情况下，股权分置制度下的信息质量较差的企业表现出更多的过度投资行为。我国学者张琦（2006）认为，盈余质量是影响企业投资行为的重要因素，她考察了企业的盈余质量与投资行为之间的关系，通过实证研究，得出了企业盈余质量能够影响企业投资行为的结论。张琦通过实证研究发现，随着盈余质量的提高，当期的企业投资对上一期的会计盈余更敏感，表明企业在进行投资决策时依赖会计信息，而随着盈余质量的提高，内部现金流与企业投资之间的关系变弱，高质量的会计信息降低了企业投资—现金流敏感度。她还通过实证研究，检验了盈余管理与企业非效率投资的关系，发现盈余管理影响企业非效率投资，即盈余管理程度与非效率投资之间存在正相关关系。李青原（2009）发现，会计信息质量越高企业投资效率越高。近几年来，有更多的学者将研究视角直接拓展至盈余管理对企业投资效率的影响。任春艳（2012）实证研究发现，企业盈余管理程度与未来投资效率显著负等相关，上市公司盈余管理程度越高，其未来投资效率越低。刘慧龙等（2014）研究了决策权配置与盈余管理的交互作用对投资效率的影响，研究结果表明，在决策制定权和决策控制权分离度较高的公司中，没有证据表明盈余管理会显著影响投资效率；在盈余管理程度较低的公司中，没有证据表明决策制定权和决策控制权分离度会显著影响投资效率；相对于决策制定权和决策控制权分离度较高的公司来说，决策制定权和决策控制权分离度较低的公司的盈余管理更能造成非效率投资；相对于低盈余管理公司来说，高盈余管理公司的决策制定权和决策控制权分离度的降低更能降低公司的投资效率；决策制定权和决策控制权分离度较低的公司的盈余管理与非效率投资显著正相关；降低高盈余管理公司的决策制定权和决策控制权分离度会增加非效率投资。

第四节　文献述评

经过近30年国内外学术界对盈余管理问题的研究，以及对管理者报酬激励与盈余管理关系的研究发现，管理者报酬激励是影响盈余管理的重要动机之一。这种动机的产生源于管理者报酬激励与公司业绩的关联性，如果报酬激励与公司业绩的关联性不强，就会导致激励不足，而业绩与管理者报酬激励之间较高程度的关联又容易引发盈余管理行为的发生。由管理者报酬激励所引发的盈余管理行为会受到公司治理环境和外部监管环境的影响。对比国内外对于这一问题的研究结论还能够发现，我国学者对于管理者报酬激励与盈余管理关系这一问题开始关注的时间较晚，这与管理者报酬激励机制在我国的发展程度有关。国内外丰富的研究成果为本书的研究提供了丰富的材料，这是本书研究的基础。但是，国内外学者在对这一问题的研究中，也存在一些不足之处：

一是在对管理者报酬激励与盈余管理的研究中，缺乏对管理者报酬激励与盈余管理关系机理的分析与验证。管理者报酬激励机制能够引发盈余管理,首先必须证实管理者有基于报酬的动机,只有证实业绩能够对管理者的报酬水平产生重要影响,才能说明管理者报酬激励有可能促使管理者进行盈余管理。管理者具备进行盈余管理的动机后,上市公司的治理机制的不足,为管理者进行盈余管理提供了可能性。目前,在研究管理者报酬激励与盈余管理的文献中,我国学者鲜有将盈余管理的发生机理进行剖析及检验的。

二是鲜有文献将管理者报酬激励导致的盈余管理行为与其激励效应结合起来研究。管理者报酬激励是公司治理机制的重要方面,对于解决委托—代理问题,促使管理者与所有者的目标相一致具有十分重要的作用。但是,由于报酬激励契约与会计信息的相关性,报酬激励机制成为盈余管理的动机之一。管理者报酬激励机制所引发的盈余管理行为,是否会影响管理者在报酬激励下的努力程度,从而导致激励机制的无效?将研究管理者报酬激励效应的研究与盈余管理的研究相结合,这是一个全新的问题。

三是较少文献从投资角度研究管理者报酬激励下公司盈余管理行为的经济后果。现有盈余管理经济后果的研究主要集中在市场反应方面,对其他方面经济后果的研究较少。

这些问题为本书研究我国上市公司管理者报酬激励与盈余管理问题提供了基础。本书在研究上市公司管理者报酬激励与盈余管理问题时,将在我国上市公司的制度背景下考察管理者报酬激励机制与公司业绩的关联性,以确定上市公司是否存在盈余管理的动机,还将进一步分析上市公司治理机制,考察管理者进行盈余管理的可能性,并进一步验证盈余管理行为对管理者报酬激励效应的影响。最后,本书还将从投资视角考察盈余管理的经济后果。

第五节 本章小结

首先,本章回顾了盈余管理的几个相关研究问题,包括盈余管理的动机、盈余管理的制约因素以及盈余管理的度量。这几个问题是后续研究的基础。管理者报酬激励机制很早就被西方学者认为是盈余管理的动机之一，并且国外大量的实证研究也证实了不同形式的报酬激励所引发的盈余管理行为。盈余管理行为的发生受到会计准则制定以及外部审计环境的影响，而更多的情况下，公司治理机制对于盈余管理行为的发生具有重要的影响作用，完善的公司治理机制能够成为盈余管理的制约，而公司治理的不足也将成为盈余管理产生的条件之一。由于盈余管理难以观察，一直以来，盈余管理的度量是研究的热点，大部分学者都是通过计算应计项目考察盈余管理的程度，而近年来已经有学者计算了真实交易所引发的盈余管理程度，这极大地丰富了盈余管理度量方法的研究成果，使得盈余管理的度量更加全面。

其次，对于管理者报酬激励与盈余管理关系的研究中，国内外已有较为丰富的研究成果证实了管理者报酬激励所引发的盈余管理行为。在管理者报酬激励与公司会计业绩的关联性上，各国的研究结论略有差异，这与研究的制度背景和报酬激励形式是有密切关系的，同时管理者报酬激励机制的治理效应也会受到包括公司内部治理机制和外部监管环境的影响。管理者报酬激励引发的盈余管理行为研究中，既有基于货币薪酬的奖金计划而调整会计盈余的行为，也有基于股权激励或期权激励而调整公司的会计业绩从而影响公司股价以获取私人收益的经验证据。我国学者对于这一问题研究较晚，这与我国管理者报酬激励机制的发展水平有关。在我国学者的研究成果中，也发现了货币薪酬与股权激励所引发的盈余管理行为。有些学者在考察二者关系时考虑到了控制权因素和公司治理因素的影响。

再次，在盈余管理经济后果研究的文献中，鲜有文献从投资的视角研究盈余管理的经济后果。现有盈余管理经济后果的研究主要集中在市场反应方面，而投资行为是企业重要的经济行为，因此从投资的视角研究盈余管理的经济后果就显得尤为重要。

最后，在对相关文献综述的基础上，本章对以往的研究进行了述评，在借鉴已有研究成果的基础上，发现在管理者报酬激励与盈余管理关系的研究中，缺乏在国有产权视角下对管理者报酬激励与盈余管理关系的研究，以及管理者报酬激励引发盈余管理行为对其激励效应的影响也未被考察。由于投资视角的盈余管理经济后果研究较少，这些都为本书的研究提供了机会，本书将就这些问题进一步研究。

第三章 管理者报酬激励与盈余管理的理论分析

在现代企业制度研究中，所有者与经营者的两职分离所带来的委托—代理问题一直受到学术界的关注，管理者报酬激励机制被认为是解决委托—代理问题的重要公司治理机制。管理者报酬激励通过设计与公司业绩相关联的报酬契约，促使企业经营者与所有者的目标相一致。但是由于报酬激励与会计信息的关联性，以及会计准则的局限性，报酬激励成为引发管理者盈余管理动机的一个原因。然而，具有盈余管理的动机并不必然导致盈余管理行为的发生。从制度层面上看，影响和制约管理者进行盈余管理的制度性因素主要有两个方面：一是会计准则；二是公司治理机制。会计准则给企业一定的会计选择权，目的在于使企业能够更加真实、恰当地反映其财务状况和经营成果，但前提是要有一套完善的公司治理机制，如果缺乏这个前提条件，在管理者存在盈余管理动机的条件下，管理者就会利用自己在会计信息产生和报告过程中所处的优势地位，滥用会计选择权，进行盈余管理。本章从分析管理者报酬激励引发盈余管理的动机入手，结合公司治理机制对盈余管理行为的影响，通过建立理论模型，分析管理者报酬激励与盈余管理的关系。

第一节 报酬激励与会计信息

按照现代企业理论的观点，企业本质上是各利益相关者（包括股东、债权人、管理者、员工、客户、供应商和政府等）缔结的一组契约（Jensen and Meckling，1976；Freeman and Evan，1990）。企业的生存和发展要靠这组契约来维系，要依赖于各利益相关者的长期合作。会计作为通用的"商业语言"在这组契约的签订和实施中扮演着重要的角色，它所提供的会计信息是各利益相关者是否签订契约、是否继续执行契约、是否重新谈判修订契约等经济决策的重要依据（Watts and Zimmerman，1986；Schipper，1989）。在现实中，各个利益相关者都明白，其利益依赖于企业的生存和发展以及与其他利益相关者的合作，但是由于契约的不完备性，管理者作为企业内部的控制人就会与其他利益相关者产生"契约摩擦"，以损害其他利益相关者为代价来增加其私人收益。管理者报酬激励是现代企业制度的重要组成部分，更是公司治理机制的重要组成部分。它是基于委托—代理理论，通过报酬契约的设计，激励管理者使其与所有者的目标一致，从而实现企业价值最大化。会计信息在报酬激励契约的签订、履行和监督中具有重要的作用，但会计准则的局限性又使管理者对于会计信息的操纵成为可能。

一　会计信息对报酬激励的作用

管理者对于公司的贡献很难通过直接观察得到，这使定义报酬激励非常困难。如果可以直接或间接地观察到管理者努力程度，对于委托人来讲，采用固定工资作为激励方式就是最优选择。这种假设下管理者的努力程度可以用观察到的努力水平和贡献水平来确定。但如果管理者的努力程度无法被观察到，而企业的回报能够被观察到时，让管理者分享部分回报就成为最优契约。这种形式的薪酬契约虽然能够激励管理者努力工作，但当外部经济环境恶化而导致企业无法产生回报时，管理者也就无法获得任何收入，因此管理者就要承担额外的风险，该契约就只能是次优契约。但当管理者的努力程度与公司的回报都不能被观察到时，最优报酬契约只能是租赁契约。此时，委托人将公司租赁给管理者，委托人只收取固定的租金，管理者的努力程度在该契约下被内部化，但管理者也将因此而承担全部的风险，因此也并非最优的报酬激励契约。由于通常以利润代表企业的回报，所以，利润应尽可能真实地反映出管理者的努力程度。净利润越能够代表管理者的努力水平，次优薪酬契约就越接近于最优薪酬契约。

直接将会计指标应用于报酬激励契约是会计信息作用于报酬激励的主要方式。上市公司的年度业绩计划中，每股收益、净收益和营业收益是最常用的会计指标（卢静和胡运权，2007）。墨菲（Murphy，1998）和伊特纳等（Ittner et al.，1997）通过调查证明，绝大多数美国上市公司的管理者报酬激励应用会计业绩衡量指标。净利润指标曾是在公司的奖金计划以及长期业绩评价中被广泛使用的指标，也是董事会评价管理者的重要指标。已有诸多研究证实了净利润与管理者激励补偿之间的显著正相关关系。这就说明，由会计信息（尤其是净利润）所代表的公司业绩在高级管理者报酬激励中起着重要作用。随后，诸多研究也基于会计指标的激励作用进行实证研究，虽然结论不甚一致，但会计指标无疑成为报酬激励契约缔结和实施的关键因素。这种情况下，会计信息的变动将直接影响管理者的报酬。

随着剩余索取权理论的发展，越来越多的企业开始以企业的剩余收入作为报酬激励的重要组成部分。股权激励和期权激励等激励方式的发展即是这一理论的重要应用。股权激励和期权激励并不直接与会计信息相关联，而是由公司在资本市场的价值来决定。已有学者证明，随着股权激励等激励形式的产生，管理者报酬中随股价变动而变动的报酬比例在增加，会计信息在报酬契约中的作用似乎不再重要（Core et al.，1999）。布什曼等（2001）发现，在包含了股票收益和会计收入的报酬模型中，随着经济环境的变化，股票收益的系数有较显著增长，会计收入系数与股票收益系数的比例却显著下降。这些结果似乎说明会计信息在管理者报酬中的决定作用在下降。

但股权激励与期权激励的出现使得管理者的报酬随业绩变化的程度发生了显著的变化，这一程度被定义为报酬业绩灵敏度。报酬业绩灵敏度指管理者报酬的变动相对于公司业绩变动的程度。报酬业绩灵敏度越高，管理者报酬随公司业绩变动的程度就越大，就会产生更强的激励效果。以会计收益为基础的报酬激励可能表现出较低的灵敏度,而以股票收益为基础的报酬激励则会表现出较高的灵敏度。与会计收益相比,股票收益更能反映出管理者行为的远期后果。布什曼等(2001)认为,股票收益与会计收益都能够评价管理者的努力程度和边际产出。但实际上,公司的股票价格是投资者基于对公司未来收益的预期而确定的,投资者对于公司价值的预期在很大程度上是由公司的会计信息决定的。因此,会计业绩仍然是资本市场中投资者评价公司价值的重要指标。在投资者对企业价值做出评估从而影响到管理者报酬的股票收益时,会计信息是通过间接方式影响管理者的报酬。因此,无论是基于业绩的现金奖励,还是基于股票和期权的激励制度,会计信息对管理者的报酬都有直接或间接的影响,只是影响程度随着激励形式的不同而有所差异。

  会计信息对于管理者的报酬激励具有重要的影响,既能作为对管理者行为的评价,又能作为报酬激励的重要依据。会计信息主要通过两种途径作用于管理者的报酬激励机制:一是会计信息与管理者报酬的关联性,二是会计信息的管理作用。会计信息与管理者报酬的关联性促使了管理者通过努力工作提升以会计信息为代表的公司业绩,从而获取个人的高收益。这是会计信息对于管理者报酬激励的直接作用。会计信息的管理作用则是会计信息间接作用于报酬激励机制从而提升公司业绩。在公司中,有效的管理机制能够促使管理者向好项目投入资源,从差项目撤出资源,以此保护投资者利益,也可使管理者获得更好的收益。曾有学者提出,利用会计信息对管理者进行激励从而达到对资源进行优化配置的目的。一个自利的管理者,会向其认为有利的行业进行投资。根据会计信息进行激励能够限制管理者将自有现金流投入到衰落产业,也说明会计信息能够在防止管理者损害投资者利益方面发挥作用。由此可见,会计信息的管理作用在于,通过付给管理者具有激励作用的报酬,能够优化管理者的投资行为,降低其因投资不利而损害投资者利益的风险。

二　会计准则的局限性

会计信息的产生取决于两个重要方面：一方面，会计信息产生所遵循的会计准则；另一方面，则是在会计选择中，企业管理当局对于会计选择的判断。

现代会计准则的确认基础是权责发生制，遵循权责发生制的会计准则所产生的会计盈余由两部分组成：一是经营活动产生的现金流量，二是不直接形成当期现金流入或流出的应计项目。应计项目是按照权责发生制和配比原则，计入当期损益中的收入和费用。应计项目可以分为正常应计项目与操控性应计项目两类。正常应计项目指的是那些由于交易与现金收付时点不一致所产生的政策调整，这部分应计项目是在公司的正常经营中客观存在的。操控性应计项目的产生则与会计准则的契约不完全性相关，是管理者使用频率最高的进行盈余管理的方式之一。

操控性应计项目的存在给予管理人员进行会计选择的空间。会计选择空间存在的本意是使会计信息更准确，企业根据各自的情况选择最适合的会计估计和会计政策。会计选择的空间给予管理者操纵会计盈余的可能性。任春艳（2004）认为，会计准则在制定技术和制定模式上的局限性都使得盈余管理的产生成为可能。会计准则始终面临规则化与原则化的两难选择，而会计信息就面临可操纵和不可操纵的两种境地。会计准则实际上制约着盈余管理行为，但却永远无法消除盈余管理行为，只要会计信息具有有用性，具有经济后果，而会计准则又是不完全契约，机会主义的管理者总是在此寻求寻租空间，获取自身利益，但这并不是会计准则的失误。刘启亮（2007）认为，盈余管理是会计准则存在公共领域的前提下私人惩罚成本保障的个体诚信履约机制的失范所致。作为公共契约的会计技术规范是基于市场一般预期来确定所有交易者的自我履约范围，即存在公共领域的范围。那么，个体交易者的自我履约范围就可能低于基于市场一般预期的自我履约范围，因而就存在个体交易者在会计准则技术规范公共领域内的机会主义行为，即个体交易者的诚信低于基于市场一般预期的诚信。他认为，盈余管理是企业相关各方（包括企业管理层、大股东、注册审计师等）利用会计准则等会计技术规范存在的公共领域进行的机会主义行为，旨在合谋寻租。

因此，会计准则的局限性给予管理者利用会计准则进行盈余操控的可能性，如果此时管理者通过调整会计盈余能够提高个人利益，而会计准则的局限又使得这种会计信息的操纵成为可能，那么盈余管理的动机就会产生，管理者报酬激励正是由于与会计信息的关联性导致了盈余管理动机的产生。管理者报酬激励导致的盈余管理动机并不必然引起管理者进行盈余管理的行为，如果管理者没有进行盈余管理的可能性，或者进行盈余管理为管理者带来的成本超过了所获得的收益，管理者即使存在盈余管理的动机，也不会选择进行盈余管理。公司的制度因素是决定管理者是否具有盈余管理可能性的重要影响因素，其中公司治理是影响盈余管理行为发生与否的最重要的制度因素。

第二节 公司治理与盈余管理

从制度层面上看，影响和制约管理者进行盈余管理的制度性因素主要有两个方面：一是会计准则；二是公司治理机制。会计准则给企业一定的会计选择权，目的在于使企业能够更加真实、恰当地反映其财务状况和经营成果，但前提是要有一套完善的企业治理机制（Jaggi，1975；Saudagaran and Diga，1997）。如果缺乏这个前提条件，管理者就会利用自己在会计信息产生和报告过程中所处的优势地位，滥用会计选择权，进行盈余管理，粉饰会计信息，以达到攫取私有收益的目的。从这种意义上讲，公司治理机制对盈余管理的影响要大于会计准则，因为它直接关系到会计信息提供者的利益预期（刘峰等，2004）。

公司治理机制对盈余管理的影响又要受到其组成部分的制约。公司治理机制包括法律制度、产品与要素市场、公司控制权市场等公司外部治理机制，以及董事会、股权结构、债务融资、信息披露等公司内部治理机制。这些不同的治理机制对盈余管理影响的方向及程度也不尽相同。

一 公司外部治理机制对盈余管理的影响

（一）投资者法律保护制度对盈余管理的影响

La Porta 等（1998）、Nenova（2003）、戴克和津盖尔斯（2004）等大量研究表明，一个国家的法律制度（包括立法和司法）是保护投资者利益不受内部人侵占的一个颇为有效的治理机制，法律保护越强，公司治理水平就越高，内部人私有收益也就越低。盈余管理作为内部人隐瞒其私有收益的行为，就必然要受到投资者法律保护程度的影响和制约。Leuz 等（2003）实证研究表明，盈余管理程度与投资者法律保护程度呈显著的负相关关系，在投资者法律保护较强的国家，盈余管理程度较低，而在投资者法律保护较弱的国家，盈余管理程度较高。在我国资本市场发展的过程中，在投资者保护方面虽然还缺乏一套有效的法律制度，但现行《公司法》、《证券法》、《破产法》以及各监管部门出台的系列法规都起到了一定的积极作用。因此，较高的投资者法律保护程度能够抑制盈余管理行为的发生。

（二）公司控制权市场对盈余管理的影响

公司控制权市场是指公司控制权的争夺市场，一般包括公司内部代理权争夺市场和外部接管市场。它在约束公司内部人的机会主义行为、保护中小股东权益方面有着十分重要的作用（Hart, 1995; Shleifer and Vishny, 1997）。这主要是因为各外部大股东出于对自身利益的保护，除采取"用脚投票"的方式外，还会联合起来，通过聚集投票权、支持接管者等手段来抑制内部人的道德风险（Volpin, 2002; Bennedsen et al., 2003）。而盈余管理是一种典型的"零和博弈"，在现实中更多地表现为公司内部人的一种道德风险，所以它必将受到公司控制权市场的制约。科林斯和德安吉洛（1990）的实证研究表明，当出现代理权争夺时，盈余报告比平时更具有信息含量。Paek 和 Cho（2006）的实证研究发现，其他大股东的制衡作用越大，第一大股东实施盈余管理的投机行为就越小。在我国上市公司中，虽然存在"一股独大"的问题，但随着法人股上市流通、公司并购行为日趋活跃和股东大会投票制度不断改善，公司控制权市场的治理作用或外部大股东的制衡作用也在逐步加强（陈晓、江东，2000；李志文、宋衍蘅，2003）。因此，公司控制权市场对盈余管理有较大的制约作用。

（三）产品市场竞争对盈余管理的影响

产品市场竞争是解决各种代理问题的另一种治理机制。它对经营者的约束主要来自两个方面：一是在充分竞争的产品市场上只有高效率的公司才能生存，公司的经营者自然面临着较大的压力（Machlup，1967）。如果经营者不努力和浪费资源，公司就可能破产，他们也就可能失业。所以，产品市场竞争越激烈，经营者的压力就越大（Grossman and Hart，1983）。二是产品市场竞争可以提供有关经营者工作好坏的信息，以及对他们进行更强的激励（Harris and HolmStrom，1982；Nalebuff and Stiglitz，1983）。这是因为在一个行业内同时有几家公司在竞争，股东就可以通过把自己公司与其他公司相比较来获得经营者工作好坏的信息。同样的道理，产品市场竞争也有助于抑制控股股东的道德风险。在我国上市公司中，与其他治理机制相比，产品市场竞争是最不受政府干预的一种治理机制。从长期来看，产品市场竞争程度应该能抑制盈余管理行为的产生。但是，从短期来看，产品市场的竞争越激烈，管理者就越要付出更大的努力才能获得企业的高回报，从而使得自己的报酬水平上升，因此，短期内管理者就有可能通过进行盈余管理调高利润，得到更高的报酬水平，但从长期来看，盈余管理是不能改变公司实际盈余水平的，管理者必须通过付出更高的努力程度才能得到更高的报酬水平。

二 公司内部治理机制对盈余管理的影响

（一）债务融资对盈余管理的影响

银行等债权人与借款公司之间的债权债务关系是通过债务契约来确定的。债权人为了保护自身的利益，通常会在债务契约中加入一些保护性条款，如要求借款公司维持一定标准的资产负债率、货币资金及其他流动资产、现金股利、职工报酬、投资规模等。如果借款公司违背了这些保护性条款，债权人就会依据债务契约对借款公司进行惩罚，如缩短债务期限、追加债务利息和中断后续贷款等。但由于债务契约主要是以会计信息为信息基础，所以借款公司为了降低债务融资的成本和逃避债务契约的约束，就会利用会计准则的选择空间，进行盈余管理，粉饰会计信息。Defond 和 Jiambalvo（1994）、Sweeney（1994）、Beneish（1997）、Roychowdhury（2006）等的实证研究也证明了这一点。造成这一问题的根本原因在于债务约束机制不完善和内部人控制问题。在我国经济转型时期，由于银企关系的市场化程度不高以及上市公司治理结构不够完善和存在内部人控制问题，造成债务融资对上市公司的"软约束"（孙永祥，2001；田利辉，2005）。而且，这种"软约束"在国有控股上市公司出现财务困境时还容易得到政府的援助（孙铮等，2005）。因此，债务融资在我国更多的是导致盈余管理的产生。

（二）董事会对盈余管理的影响

董事会是解决公司各种代理问题的一种制度安排（Hermalin and Weisbach，1991），它承担着向管理者提出建议和对管理者进行监督的基本职责（Monks and Minow，2000）。对于财务报告的质量，董事会毫无疑问是要负主要责任的，因此董事会对盈余管理有着直接的影响，这种影响受到规模、结构、会议频率、领导权结构、独立性、稳定性等董事会自身特征的制约。不同的董事会特征影响盈余管理的方向及程度不尽相同。目前，学术界在这方面的实证研究主要集中在董事会的规模、结构和审计委员会设置三个方面。

董事会规模是决定公司治理效率的一个重要因素（Lipton and Lorsch，1992；Jensen，1993）。它对盈余管理的影响颇受国内外学者的关注，但研究结论却不甚一致。詹森（1993）、德乔等（1996）、刘立国等（2003）等的实证研究表明，董事会规模与盈余管理呈显著的正相关关系。但是，阿博特等（Abbott et al.，2004）、张逸杰等（2006）、吴清华和王平心（2007）等的实证研究却没有发现这种关系，甚至发现一种负相关关系。实际上，这两者之间可能并非简单的线性关系。董事会规模过小时,投资者参与公司治理将受到限制,从而造成董事会被内部人控制的情况,其监督作用就难以发挥。如果董事会规模过大的时候,沟通与协调的难度就增大,"搭便车"行为可能出现,董事会决策效率下降,此时董事会也难以起到应有的监督作用(于东智、池国华,2004;肖作平,2005)。所以,适度的董事会规模将有助于强化董事会的监督作用和提高决策效率。

董事会的结构通常可以分为内部董事与外部董事两类。内部董事指的是在公司内担任管理者的董事,外部董事指的是不在公司内工作的董事,比如独立董事。在相关董事会结构对盈余管理影响的实证研究中,关于独立董事的研究最多。这主要是因为在董事会中引进独立董事能否起到有效的监督及决策支持的作用一直是中外学术界十分关注的一个问题。Peasnell 等(2005)的实证研究表明,独立董事与盈余管理呈负相关关系,董事会中的独立董事有助于增强董事会的监督作用,从而抑制财务舞弊以及盈余管理行为。但也有少数实证研究,如唐纳森和戴维斯(Donaldson and Davis,1994)却没有发现这种关系,甚至有些研究得到二者正相关的结论。相比于发达国家,我国实施独立董事制度的时间较晚,始于 2001 年。有关独立董事制度的实施与公司盈余质量的研究相对较少,并且研究结论也是不一致的。张国华等(2006)、吴清华和王立平(2007)的实证研究发现,董事会中独立董事比例与盈余管理程度负相关,而陈信元和夏立军(2006)在其实证研究中并未得到负相关关系,有些研究甚至得到二者正相关的研究结论。因此,这一问题仍有待进一步的检验与研究。

审计委员会是董事会中最重要的委员会之一,通常由独立董事或其他外部董事组成,基本职责就是对公司财务报告的产生进行监督。因此,审计委员会是保障公司会计信息质量的一种制度安排。我国上市公司 2002 年才开始实施审计委员会制度,已有学者研究了审计委员会对于盈余管理的影响。麦克穆伦(Mcmullen,1996)、阿博特等(2004)、杨忠莲和杨振慧(2006)、王建新(2007)等认为，独立性较高的审计委员会能够抑制盈余管理行为，提高公司的会计信息质量，他们发现具有较高盈余管理程度的公司通常未设置审计委员会。但张兆国等（2009）并未发现审计委员会对盈余管理具有抑制作用。因此，审计委员会的作用仍需进一步观察和检验。

第三节 管理者报酬激励与盈余管理的理论模型

国外已有学者通过建立理论模型分析管理者基于不同动机进行的盈余管理行为。戴（Dye，1988）建立了当股东以改变预期投资者对于公司价值的看法为目的时引起盈余管理外部需求的理论模型。Arya等（1998）也引入一个模型，这个模型允许管理者操纵盈余，模型表现为一个承诺装置，在股东制定捆绑承诺的能力被限制并且契约的执行完全依靠契约中各方自愿的环境中，盈余管理甚至成为一种最优的选择，因为它降低了所有者的干涉。Goldman和Slezak（2006）建立了一个在信息操纵情况下的激励契约的平衡模型，他通过模型检验潜在的盈余管理如何影响报酬业绩敏感度。Sun（2014）则建立模型检验财务数据被操纵的可能性下管理者报酬激励的最优契约，并在该模型下提出了盈余管理发生的必要和充分条件，通过模型推理认为，报酬业绩敏感度随着盈余管理可能性的增加而增加，并且外部治理环境的变化对盈余管理也有相应的制约作用。本书在借鉴Sun（2014）模型的基础上，建立理论模型，在假设管理者报酬激励与公司业绩相关从而管理者具有盈余管理动机的情况下，分析管理者报酬激励与盈余管理的关系。

一 模型假设

假设一个风险中立型的委托人（股东）雇用了一个风险厌恶型的代理人（管理者）。其中，管理者为经营公司付出的努力程度以 e 表示，该努力程度无法被委托人观察到。假设 e 只取两个值，l 和

h，其中 $l<h$，$e \in \{l, h\}$，l 代表管理者付出较低程度的努力，h 代表管理者付出较高程度的努力。管理者付出努力会为个人带来努力的成本，以成本函数 $C(e)$ 表示。假设当管理者付出较低程度的努力时，成本为 0，即 $C(l)=0$；当管理者付出较高程度的努力时，会为管理者带来一个固定成本，为 $C(h)=c$，$c>0$。

假设公司取得的真实的盈余水平以 Y 表示，Y 也只取两个值，即 L 和 H，其中 $L<H$，L 代表取得较低的盈余水平，H 代表取得较高的盈余水平。公司实际盈余水平只受经济环境的影响和管理者个人努力水平的影响。假设经济环境的变化是随机的，那么公司的盈余水平就是随机的，得到 L 和 H 盈余水平的概率是与经济环境的变化一致的。但当存在一个管理者对公司进行经营时，管理者的努力程度会对公司的盈余有所影响，当管理者付出的努力水平是 h 时，公司获得较高盈余水平 H 的概率为 p_h；当管理者付出的努力水平为 l 时，公司获得较高盈余水平 H 的概率为 p_l。其中 $p_h > p_l$，即管理者付出的努力水平越高，公司取得较高盈余水平的概率越大。

假设公司的真实盈余水平只能由管理者观察到，并且管理者只能通过公布盈余报告对外发布公司的盈余信息。在公司中，管理者会发现进行盈余管理的机会，其中管理者进行盈余管理的概率为 x，因此无法进行盈余管理只能如实报告盈余的概率为 $1-x$。假设当市场中存在众多股东和管理者的时候，x 就代表进行了盈余管理的管理者在所有公司管理者中所占比例。

在本模型中，当管理者提交的财务报告盈余并非公司的实际盈余水平时，我们就认为管理者进行了盈余管理。进行盈余管理会为管理者带来成本，这个成本以 ψ 表示，$\psi > 0$。当实际盈余与报告盈余一致时，管理者的操纵成本为 0；当不一致时，成本就为 ψ。由于管理者的报酬激励动机，管理者只会进行将 L 水平的盈余报告为 H 水平盈余的情况；反之，盈余管理就不会发生。

假设管理者的效用水平取决于所获得的薪酬水平，而薪酬水平只与公司的盈余有关，当公司盈余分别为 L 和 H 时，管理者的效用

水平分别为 u_L 和 u_H，此时较高的盈余水平对应较高的效用水平，管理者的报酬激励与业绩相关联，管理者存在通过调整盈余获取较高收益的盈余管理动机。

二 模型建立

委托人总是希望代理人付出更高的努力，以取得较高的盈余水平。而管理者的目标是实现个人效用最大化。管理者的效用水平只与管理者的报酬水平相关，而管理者的报酬水平只取决于公司是获得较高的盈余还是较低的盈余。因此，管理者的行动策略是可以选择不同程度的努力水平，在存在盈余管理机会的情况下，也可以选择报告盈余的水平。管理者进行报告盈余水平的选择，即管理者对于是否进行盈余管理以获得最大效用的选择。

首先，在管理者选择不进行盈余管理的情况下，根据激励相容性约束，当管理者付出高努力时，应该比付出低的努力水平所得到的效用更大。即

$$p_h(u_H - c) + (1 - p_h)(u_L - c) \geqslant p_l u_H + (1 - p_l) u_L \quad (3.1)$$

由此得出：

$$u_H - u_L \geqslant \frac{c}{p_h - p_l} \quad (3.2)$$

由于 $c > 0$，$p_h > p_l$，所以 $u_H - u_L \geqslant 0$。

即，当公司取得较高的盈余时，管理者报酬水平应大于在较低盈余时所得到的报酬水平。也就是说，管理者的报酬水平与业绩相关，业绩越大，管理者的效用水平越高，这个条件如果满足，就认为公司进行了管理者的报酬激励。

当管理者存在盈余管理的可能性时，根据激励相容性约束，得到：

$$x[p_h(u_H - c) + (1 - p_h)(u_H - \psi - c)] + (1 - x)$$
$$[p_h(u_H - c) + (1 - p_h)(u_L - c)]$$
$$\geqslant x[p_l u_H + (1 - p_l)(u_H - \psi)] + (1 - x)$$
$$[p_l u_H + (1 - p_l) u_L] \quad (3.3)$$

由此可以得出：

$$u_H - u_L \geq \frac{c - x(p_h - p_l)\psi}{(1-x)(p_h - p_l)} \qquad (3.4)$$

根据不等式（3.4）可以得知，这是满足激励约束情况下，委托人设置报酬契约应满足的条件。不满足此条件的契约不会被管理者接受，管理者会放弃这个公司而选择其他的公司。因此，能够使管理者接受的报酬契约至少满足式（3.4）的条件。报酬契约是由委托人提供，因此管理者根据报酬所获得的效用水平越高，就表示委托人付出的报酬成本越大，委托人为了实现其利益最大化的目标，会选择能够与管理者达成契约的最小的报酬成本。因此，当式（3.5）成立时，报酬契约为最优契约。

$$u_H - u_L = \frac{c - x(p_h - p_l)\psi}{(1-x)(p_h - p_l)} \qquad (3.5)$$

从上面的分析可以看出，委托人对于管理者进行报酬激励，必须满足条件式（3.4），才对管理者具有激励作用，而委托人自然会选择满足激励作用条件下的最小激励成本，因此式（3.5）就是存在盈余管理机会的情况下，委托人对管理者进行报酬激励时，最优报酬契约满足的条件。

那么，在委托人对管理者进行了报酬激励的情况下，也就是说，当条件式（3.4）满足时，何种情况下，管理者会选择进行盈余管理呢？

若管理者进行盈余管理，其充分条件为：

$$u_H - u_L \geq \psi \qquad (3.6)$$

即式（3.6）必须成立。也就是说，当管理者通过操纵盈余所获取的收益大于其所付出的成本时，管理者才有可能选择进行盈余管理，否则不符合管理者效用最大化的目标。在管理者不进行盈余管理的情况下，根据激励相容性约束，可以得到条件式（3.2）必然成立，如果条件式（3.2）不成立，则激励相容性约束就得不到满足，此时管理者绝不会选择报告真实的盈余水平，因此，当式（3.7）成立时，管理者必然不会报告真实的盈余。

$$u_H - u_L < \frac{c}{p_h - p_l} \qquad (3.7)$$

根据式（3.5）、式（3.6）和式（3.7），可以得到管理者不会报告真实盈余的充分必要条件为：

$$\psi < \frac{c}{p_h - p_L} \tag{3.8}$$

从这一条件可以发现，在进行了管理者报酬激励的情况下，管理者具有个人效用最大化的目标，因此管理者能够产生盈余管理的动机，而盈余管理动机具备后，盈余管理的行为是否会发生，则取决于其他条件。这些条件既受到外部经济环境的影响，也受到公司内部治理水平的制约。管理者是否进行盈余管理就取决于管理者的努力成本、管理者付出高努力与低努力时产生高盈余的概率之差，以及管理者的盈余管理成本这三者之间的强弱关系。其中，前两项会受到公司外部竞争环境的影响，而盈余管理成本则会受到公司内部治理机制与公司外部监管环境的影响。下面就将根据这一条件对管理者进行的盈余管理行为进行分析，考察盈余管理与哪些因素有关，以及盈余管理的发生对于管理者报酬激励机制的治理效应所产生的影响。

三 模型分析

命题 1：c 越高，盈余管理行为越容易发生。

假设在每个行业中有不同的公司，每一个公司都由一个有着不同盈余管理成本 ψ_i 的管理者来经营，$\psi^* = c/(p_h - p_l)$ 代表操纵成本的临界值，管理者的操纵成本在此临界值之下管理者就会操纵盈余，因此，在行业中 $\psi_i < \psi^*$ 的管理者的比例就是管理者进行盈余管理的比例。对于管理者来说，付出努力将花费更大成本时，也就是说，激发努力的成本更高时，达到真实报告的临界值 ψ^* 就上升了，由此引发的结果就是低于临界值的操纵水平 ψ_i 增多，这就表明在管理者的努力成本上升时，更多的管理者开始进行盈余管理。c 代表的是管理者付出较高努力水平的成本，这个成本与外部市场竞争的激励程度是成正比的，当公司面临更为激烈的产品市场竞争环境时，管理者要达到更高的盈余水平，所付出的努力程度就会更高，从而努力成本也更大，就会导致盈余管理行为更容易发生。

命题 2：ψ 越高，盈余管理行为越会受到抑制。

假设其他条件不变时，ψ 越高，$\psi < c/(p_h - p_l)$ 就越不容易成立，那么盈余管理也就越不容易发生，从而管理者的盈余管理行为就会受到抑制。而 ψ 是管理者进行盈余管理所产生的成本。管理者进行盈余管理的成本产生于两个方面：一是管理者进行盈余管理行为本身所产生的成本，这包括利用会计政策选择或是安排真实交易，这些行为发生的成本与公司的内部治理环境有关，内部治理机制越好，管理者进行这些操纵的难度越大，从而产生更高的成本。二是管理者的盈余管理行为被识破所产生的风险。管理者进行盈余管理获取个人收益的行为一旦被识破，管理者的经济利益和道德声誉都会受到影响，管理者进行盈余管理被识破的可能性既取决于公司的内部董事会监管，也会受到外部治理环境严格程度的影响。当公司的内部治理水平和外部治理环境导致管理者进行盈余管理的成本更高时，盈余管理行为就会得到抑制。

命题 3：假设 $\psi < c/(p_h - p_l)$ 成立，报酬激励随着 x 的增加而逐渐失效。

x 代表管理者在公司中能够进行盈余管理的机会。当 x 较大时，就代表管理者更有可能进行盈余管理。这时候，管理者的努力决策就会受到影响。也就是说，当管理者进行盈余管理的机会足够大，以至于使得管理者通过采取较高的努力程度所获取高盈余继而得到高收益的概率大于管理者不努力而仅通过盈余管理把盈余水平调高所产生高收益的概率时，管理者就一定会选择不付出努力。对于任意的报酬激励水平，管理者都可能会选择付出较低的努力程度，但在出现低盈余的情况下，通过盈余管理对盈余进行调整，获取个人收益。因此，当 x 较高的时候，管理者的努力水平就有所下降，那么所有者为了激励管理者付出更高的努力水平来获取高的盈余水平时，就可能进一步增加 $u_H - u_L$ 的水平，使得管理者更加努力追求更高的盈余水平，但实际上管理者的努力程度并不会因为激励程度的增加而增加，所以随着盈余管理机会的增加，报酬激励机制已经失效，无论如何都无法激励管理者付出更高的努力水平，管理者的策略一定是较低的努力程度和进行盈余管理。因此，管理者在一个更有可能进行盈余管理并且盈余管理成本不高的公司中，股东希望通过提供更强的报酬激励来促使管理者付出较高的努力以增加公司取得高盈余的概率，但管理者却选择通过盈余管理而非较高的努力水平来进行工作，这说明管理者进行盈余管理的机会越大，管理者报酬激励机制就越不能产生激励管理者努力工作的效应，因此，盈余管理机会的存在能够导致管理者报酬激励机制的失效。

四 模型结论

基于上述理论模型的分析，在假设管理报酬激励与公司业绩相关从而管理者具有盈余管理动机的情况下，我们可以发现：

（一）模型推导出了公司中盈余管理行为发生的充分必要条件

盈余管理行为是否发生取决于管理者努力提高公司业绩的成本与管理者进行盈余管理的成本之间的权衡。

（二）这两种成本的高低取决于公司内外治理机制的完善程度

管理者的努力成本主要受到公司产品市场竞争环境的影响。从短期来看，在产品市场竞争越激烈的情况下，管理者通过努力获取较高盈余的成本就越大，盈余管理行为就越容易发生。而管理者进行盈余管理的成本则受到多方面因素的影响，其中最重要的影响就是公司内部治理水平的高低和外部监管环境的严格程度。如果公司董事会治理有效，对管理者监管严格，表明公司治理水平更高，那么管理者进行盈余管理就会冒着更大的被识破的风险，与此同时，进行盈余管理也更加困难，于是产生了更高的盈余管理成本。管理者进行盈余管理的成本与公司的外部法律环境、监管水平等因素也具有密切的关联。当一个地区的投资者法律保护水平较高、监管更严时，管理者进行盈余管理也将承担更高的风险，从而产生更高的成本。因此，公司的内部治理水平和外部治理环境对于盈余管理的发生具有重要影响，较好的公司治理水平会对盈余管理产生抑制作用。

（三）盈余管理机会的存在在一定程度上抑制了管理者报酬的激励效应

在管理者具有盈余管理动机的情况下，如果也恰恰面临较弱的公司治理环境，那么管理者就有更多的机会进行盈余管理，而这种盈余管理机会的存在无疑削弱了管理者通过付出努力而得到高额回报的动力，此时对于管理者来说，进行盈余管理是使其效用最大化的选择。因此，在存在盈余管理动机的情况下，管理者能够进行盈余管理的机会越多，管理者就越不愿意通过付出努力改善公司的业绩，而是选择通过进行盈余管理提高个人报酬水平，从而导致管理者报酬激励机制的失效。

本书理论分析的结论将通过后面章节的实证研究进行检验。

第四节　本章小结

本章首先对管理者报酬激励与会计信息的关系进行了理论分析，认为报酬激励与会计信息的关联性以及会计准则本身的局限性导致了管理者报酬激励机制引发盈余管理的动机。会计信息对于报酬契约的缔结、履行和监督具有重要作用。会计信息能够通过报酬激励契约中的会计指标直接影响管理者的报酬水平，也能够通过对于公司股价的影响导致管理者的股权收益发生变化。但是，由于会计准则本身的局限性，会计信息存在被管理者操控的可能性，因此，与会计信息为代表的公司业绩相关联的管理者报酬激励，就有可能成为管理者通过进行盈余管理调整利润获取私有收益的动机。

公司治理机制是影响管理者盈余管理行为的重要制度因素，公司治理水平的高低决定了管理者是否在具有盈余管理动机的情况下进行盈余管理。公司的内外部治理机制对公司的盈余管理行为都有一定的影响，投资者的法律保护和控制权市场的竞争都能够抑制盈余管理行为的发生，而产品市场的竞争可能在短期内导致盈余管理。基于我国内部人控制和债务融资软约束的制度背景，债务融资可能是导致盈余管理产生的原因，而董事会的规模和治理结构则有可能抑制盈余管理行为的发生。

本章建立了理论分析模型，首先在假设管理者报酬激励与业绩相关联、管理者具有盈余管理动机的情况下，推导出盈余管理是否发生取决于管理者努力提高公司业绩的成本与管理者进行盈余管理的成本之间的权衡。这两种成本的高低取决于公司内外治理机制的完善程度。产品市场的竞争程度增加了管理者的努力成本，可能导致短期内盈余管理行为的产生，公司的内部治理水平和外部治理环境都能够增加管理者进行盈余管理的成本，董事会治理和外部监管越有效，管理者进行盈余管理的成本越大，盈余管理行为就越不容易发生。盈余管理机会的存在在一定程度上抑制了管理者报酬的激励效应。管理者能够进行盈余管理的机会越多，管理者就越不愿意通过付出努力改善公司的业绩，而是选择通过进行盈余管理提高个人报酬水平，造成激励失效。

第四章　上市公司管理者报酬激励与公司业绩的实证分析

管理者报酬激励是否能够引发盈余管理的动机，关键在于管理者报酬激励在多大程度上与会计信息代表的公司业绩相关联。存在盈余管理动机的情况下，管理者报酬激励是否能够引发盈余管理的行为，关键在于公司治理结构是否给予管理者进行盈余管理的可能。我国上市公司管理者的报酬激励形式较为单一，货币薪酬为主，股权激励为辅，截至2012年，实施股权激励的公司也只有300多家。并且，我国上市公司中规模庞大的国有控股公司的管理者的报酬长期以来受到政府的管制。因此，在研究我国上市公司管理者报酬激励与盈余管理的关系时，首先要考察上市公司的管理者报酬激励与公司业绩是否具有相关性，以检验我国上市公司的管理者是否有可能产生基于报酬的盈余管理动机。这既是研究上市公司管理者报酬激励引发盈余管理行为的前提条件，也是本章研究的目的。

第一节　研究假说

管理者报酬激励是解决委托—代理问题的重要公司治理机制，其治理作用的实现是通过设计与公司业绩相关联的报酬契约，使管理者与所有者的目标一致，从而解决代理冲突。正如法约尔所指出的："激励设计问题就是决定报酬该对产量做出怎样的敏感反应。"管理者报酬与公司业绩之间的关联性是报酬激励治理效应产生的主要作用机制。如果管理者的报酬与公司业绩具有正向的关联性，那么管理者的报酬就能够随公司业绩的变化而变化，如果公司业绩出现增长，管理者的报酬水平也就得到增长，但如果公司业绩出现下降，那么管理者的报酬水平也会受到影响。正是由于管理者与公司业绩之间的关联性，报酬激励的治理作用才得以实现。但如果管理者的报酬与公司业绩的关联性较弱，当管理者付出努力使公司业绩得到较大程度增长时，管理者的报酬水平却得不到相应提升，就会导致激励不足。没有得到有效回报的管理者就不愿再付出更多的努力追求公司价值最大化。霍尔姆斯特罗姆和米尔格罗姆（1987）通过建立理论模型，说明在最优的报酬契约中，企业的管理者报酬应当与企业的业绩呈现出某种程度上的线性关系。因此，管理者报酬与公司业绩的关联性是报酬激励能够发挥激励作用的首要途径。

众多早期研究表明，会计的盈利指标与各类管理者报酬间存在正向、稳定的统计关系。墨菲（1985）曾对财富 500 强中的上市公司 18 年间的数据进行统计分析，发现股东收益、公司收入增长以及股票市场回报指标与管理者报酬之间存在着正向关系。安特尔和史密斯（Antle and Smith，1986）采用相对业绩指标分析，也发现会计利润率与报酬之间的递增关系。还有学者不仅检验管理者报酬与公司业绩的关联性，更进一步检验管理者报酬的变化与公司业绩变化之间的关系，以考察报酬激励机制对管理者的激励程度。詹森和墨菲（1990）将管理者的报酬业绩敏感度定义为管理者的报酬随着公司业绩的变化而变化的程度，即管理者报酬变化与公司业绩变化的相关关系。管理者报酬业绩敏感度越高时，表明激励程度越高。贝克（Baker）、詹森和墨菲（1988）认为，如果管理层报酬与公司业绩的敏感度过低，那么这样的报酬契约就不能发挥有效的激励作用。詹森和墨菲（1990）曾利用美国上市公司 20 世纪 60 年代末至 80 年代近 20 年的数据，研究管理者报酬业绩敏感度，结果表明当时的管理者报酬与业绩只有极低的敏感度，并根据这一结果认为当时的管理者报酬水平对其努力的激励程度不够，提出管理者持股是实现报酬激励的有效途径。霍尔和利伯曼（1998）则利用美国 20

世纪80年代和90年代的数据估计出了新的报酬业绩敏感度，这个报酬业绩敏感度较詹森和墨菲（1990）的估计值有很大的提升，这是因为，股票和股票期权激励使得报酬和业绩间的敏感度更强。

随着股权激励机制的发展，学者们开始关注管理者的股权收益与公司价值的影响。Coughlan和Schmidt（1985）证实，管理者报酬变化的实际比率与股票的业绩表现之间存在正向关系，Mehran（1995）也认为权益激励更能激励经理增加公司价值，他发现管理者股票认购权价值的变化与股东权益有显著相关性。股权激励在20世纪90年代的美国得到普及，在高管薪酬中所占的比重越来越大。据统计，1989—1997年，全美最大的200家公司股票期权数量占上市股票数量的比例从6.9%上升至13.2%，并且逐渐成为管理者长期激励的主要方式。在1997年，股票期权激励等长期激励计划已经占到管理者全部薪酬的45%，21世纪初，这个比例甚至增加到70%以上（朱克江，2002）。据《福布斯》杂志公布的2006年美国500强企业CEO薪酬排行榜，居排行榜首位的苹果公司CEO乔布斯尽管基本年薪只有1美元，但股票收益近6.47亿美元。期权收益在美国500强企业CEO的总薪酬中也占到48%，成为他们最主要的收入来源。

由此可以看出，随着经济发展和薪酬支付形式的变化，在西方发达国家，管理者的货币薪酬激励已不再是管理者报酬的重要组成部分，股票收益成为西方国家CEO们的主要收入来源。因此，有些学者发现盈余指标与货币薪酬之间的正相关关系不再显著，管理者报酬变化与公司业绩变化之间也不再有显著的相关性（Madura, Martin and Jessel，1996）。但是公司股票的价值可以间接受到以会计信息为代表的公司业绩的影响，因此股权和期权收益在一定程度上还是会受到公司会计业绩的影响。已有学者发现了管理者为了影响股价或获取股权收益而进行盈余管理行为的经验证据（本书将在下一章节详述该内容）。但由于股票市场价格是由投资者决定的，而投资者并不仅将会计业绩作为评定公司价值的唯一方式，投资者拥有更多的信息去判断公司价值，因此管理者报酬与公司价值的相关联的股权激励方式显然要优于管理者货币薪酬直接与公司会计业绩相关联的激励方式。

我国上市公司管理者的报酬激励与西方发达国家相比，无论从制度背景还是从激励形式上，都具有明显的差异。早期研究发现，我国上市公司经理人的薪酬与业绩之间不存在显著的正相关关系，高级管理人员持股比例偏低（魏刚，2000；李增泉，2000）。但后来的研究均发现了经理人报酬与公司业绩显著正相关的经验证据（周嘉南、黄登仕，2006；杜兴强、王丽华，2007；李维安等，2010；刘慧龙等，2010）。有些证据还显示，在公司业绩增长时，经理人报酬业绩敏感度会上升，但在公司业绩下降时，经理人报酬业绩敏感度会减小，这意味着我国公司经理人薪酬机制可能仅有单方面的激励效果，而没有预期的制约效果（刘斌等，2003；肖继辉、彭文平，2004；方军雄，2009）。关于我国公司经理人报酬业绩敏感度的影响因素，有研究发现，总经理的双重身份、董事身份和其在董事会中任期这三个经理自利特征对报酬业绩敏感度有显著影响（肖继辉、彭文平，2004）；所有权结构对报酬业绩敏感度有重要影响，国有企业高管的报酬业绩敏感度要低于非国有企业（Kato and Long，2006），但 Firth 等（2007）却发现国有上市公司 CEO 报酬业绩敏感度更高的经验证据，还发现董事会规模和是否在境外发行股票也会对 CEO 报酬业绩敏感度产生影响。杨贺等（2005）发现，高级管理人员年薪并不受经理控制力的影响，不同股权结构上市公司在制定年薪时并没有明显不同，独立董事对年薪的不合理变动能起到遏制作用。但 Firth 等（2007）发现，独立董事比例高和在境外发行了股票的公司的经理人报酬业绩敏感度要高，而如果董事长和总经理两职合一，其报酬业绩敏感度要低。Conyon 和 He（2008）发现高管薪酬与公司规模、业绩和成长机会正相关，公司风险与报酬和激励都是负相关；与国有企业相比，私有企业的薪酬和 CEO 激励要更高，但是薪酬和 CEO 激励在股权集中的公司要低。刘慧龙等（2010）发现，在国有控股公司中，政治关联公司的高管报酬业绩敏感度低于非政治关联公司，政治关联公司的员工冗余程度更高；在非国有控股公司中，政治关联公司的高管报酬业绩敏感度高于非政治关联公司，政治关联公司的员工冗余程度较低。

2006年年底，我国上市公司股权分置改革基本完成，一些学者开始呼吁重视加强管理者报酬激励机制，建立管理层持股、股票期权等薪酬激励制度（朱国泓、方荣岳，2003；李银珠，2006）。2006年，国有控股上市公司股权激励办法终于正式实施，这是国有控股公司在管理者报酬激励机制上的重要发展。股权激励办法实施以后，学者们也发现了我国上市公司管理者报酬与公司业绩相关联的经验证据，但股权激励强度依然不大，也未能对管理者报酬与公司业绩的关联造成影响。夏纪军和张晏（2008）证实，我国上市公司的股权激励与公司业绩并不具有内生性，股权激励所带来的报酬业绩敏感性仅仅体现于管理者因股权激励所增加的持股数随着股票市场价格的变动而为管理者带来的报酬敏感性。

基于上述分析我们可以发现，我国上市公司的管理者报酬激励机制已经发生了巨大的变革，管理者的报酬水平得到大幅的提升，报酬激励成为上市公司管理者激励的主要方式，因此管理者的报酬激励机制应该已经能够表现出市场经济条件下管理者报酬激励契约的基本特征，即与公司业绩的关联性。虽然股权激励机制的实施进一步丰富了我国上市公司管理者报酬激励的形式，但由于目前实施股权激励的上市公司数量不多，因此股权激励所带来的管理者报酬与业绩的关联性有待检验。管理者报酬的变化与公司业绩变化之间的关系能够代表管理者报酬对于公司业绩变化的敏感程度，敏感程度越高，对于管理者的激励程度越大，但同时管理者也将承担更大的风险。管理者股权收益的变化更多的是基于公司股票市场价格的变化，因此与会计业绩变化的敏感度可能也不高。基于此，提出如下研究假设：

H1：我国上市公司业绩与管理者货币薪酬存在显著的正相关关系，业绩变化与货币薪酬变化也存在正相关关系。

H2：我国上市公司业绩与管理者股权收益不存在相关关系，业绩变化与股权收益变化也不存在相关关系。

第二节　样本选择与数据来源

本章研究我国上市公司的管理者报酬激励与公司业绩的关联性，选择 2008—2012 年沪深两市 A 股上市公司为研究对象，所需资料来源于国泰安和色诺芬数据库。对于初始样本，进行了如下筛选：首先，剔除财务数据和公司治理数据资料不全的公司。其次，剔除无正常营运能力的样本，包括净资产为负和主营业务收入为零的公司。由于这类公司无持续经营能力，会影响对于研究问题的考察。最后，剔除金融类上市公司。由于金融类上市公司的财务数据不同于一般行业上市公司，缺乏可比性，且这类公司面临更多的管制，遂将其剔除。共获得 7984 个观测值。

第三节　变量设置与经验模型

一　变量设置

为了检验管理者报酬与公司业绩之间的关系，变量设置如下。

（一）货币薪酬

选择前三名高管报酬总额的自然对数。

（二）股权收益

目前我国股权激励采用多种形式，其中包括股票期权、业绩股票、业绩单位、虚拟股票、股票增值权、延期支付、经营者持股和管理层收购等。本章以管理层年末持股数市值的自然对数表示。

（三）公司业绩

由于本章的目的是检验我国上市公司管理者报酬与公司业绩的相关关系，以证实上市公司的管理者是否具有盈余管理的动机，因此，只选取会计指标所代表的业绩作为对公司业绩的衡量指标。采用总资产收益率作为衡量上市公司业绩的会计指标。

（四）股权集中度

股权结构是影响管理者报酬激励的重要变量，一般情况下，管理者报酬激励程度的高低与股权集中度有一定的关系。股权集中度较高的公司往往采取较低的管理者报酬激励水平，而股权较为分散的公司则采取具有较高激励程度的管理者报酬激励。本章采用第一大股东持股比例。

（五）公司治理变量

学者们在考察管理者报酬与公司业绩二者之间关系时发现，公司治理特征对二者之间的关系有显著的影响，在研究二者关系时，这些因素必须加以控制（Jones, Kalmi and Makinen, 2006）。研究发现，具有较高公司治理水平的公司，报酬与业绩的关联性要低于公司治理水平较差的公司。这是因为其他公司治理机制的作用能够对管理者的行为进行约束和控制（Laux and Laux, 2009）。在我国上市公司股权激励实施办法中明确规定，实施股权激励的公司必须满足公司治理机制完善的条件，因此，笔者认为，在我国的上市公司中，治理水平较高的公司管理者的货币薪酬收益较低而股权收益较高，治理水平较低的公司管理者货币薪酬较高而股权收益较低。采用独立董事在董事会中所占比例、董事会规模、董事长与总经理是否两职合一这三个变量作为代表公司治理水平的变量。选择这三个变量的原因在于，独立董事在董事会中所占比例能够代表董事会治理的有效性，而是否存在薪酬委员会则对于公司管理者报酬激励的制定有重大影响，董事长和总经理是否两职合一代表管理者的权力对于报酬制定的影响。

（六）控制变量

采用公司规模、公司成长性指标以及代表公司成长机会的指标作为管理者报酬与公司业绩关系的控制变量。诸多研究表明，管理者的报酬水平与公司规模之间存在显著的正相关关系，而公司成长性和公司的增长机会都与管理者的报酬水平有显著相关性，具有较高成长率和较大成长机会的公司倾向于为管理者提供更高程度的报酬激励。

变量定义如表 4-1 所示。

表 4-1 变量定义

类别	变量	符号	定义
薪酬变量	货币薪酬	COMP	前三名高管年度薪酬总额的自然对数
	货币薪酬变动	ΔCOMP	本年与上一年管理者货币薪酬之差的自然对数
	股权收益	SR	因股权激励增加的持股数与年终收盘价乘积的自然对数
	股权收益变动	ΔSR	本年与上一年管理者股权收益之差的自然对数
业绩指标	总资产收益率	ROA	净利润与平均净资产总额之比
公司治理变量	股权集中度	TOP	第一大股东持股比例
	独立董事比例	IDP	独立董事人数与全体董事会人数之比
	董事会规模	BOAS	董事会总人数
	两职合一	DUAL	董事长与总经理两职合一时取值为1，否则为0
控制变量	总资产	lnSIZE	企业总资产的自然对数
	资产负债率	LEV	资产负债率
	行业	Industry	

二　经验模型

为检验假设 H1，建立模型如下：

$$COMP_{it} = a_0 + a_1 ROA_{it} + a_2 TOP_{it} + a_3 IDP_{it} + a_4 BOAS_{it} + a_5 \ln SIZE_{it} + a_6 LEV_{it} + \sum_{j=1}^{20} \beta_j Industry_{ij} + \varepsilon_{it} \quad (4.1)$$

$$SR_{it} = a_0 + a_1 ROA_{it} + a_2 TOP_{it} + a_3 IDP_{it} + a_4 BOAS_{it} + a_5 \ln SIZE_{it} + a_6 LEV_{it} + \sum_{j=1}^{20} \beta_j Industry_{ij} + \varepsilon_{it} \quad (4.2)$$

为检验假设 H2，建立模型如下：

$$\Delta COMP_{it} = a_0 + a_1 \Delta ROA_{it} + a_2 TOP_{it} + a_3 IDP_{it} + a_4 BOAS_{it} +$$
$$a_5 \ln SIZE_{it} + a_6 LEV_{it} + \sum_{j=1}^{20} \beta_j Industry_{ij} + \varepsilon_{it} \quad (4.3)$$

$$\Delta SR_{it} = a_0 + a_1 \Delta ROA_{it} + a_2 TOP_{it} + a_3 IDP_{it} + a_4 BOAS_{it} +$$
$$a_5 \ln SIZE_{it} + a_6 LEV_{it} + \sum_{j=1}^{20} \beta_j Industry_{ij} + \varepsilon_{it} \quad (4.4)$$

本书所有数据均通过 Winsor 处理，采用 OLS 方法对数据进行回归分析。

第四节　实证检验与结果分析

一　描述性统计

表 4-2 列示了我国上市公司 2008—2012 年共 7984 个观测值的货币薪酬、股权收益、公司业绩等变量的描述性统计结果。从表 4-2 可以发现，我国上市公司管理者货币薪酬水平和股权收益水平逐年上升，这说明随着我国上市公司管理者报酬激励机制的逐步完善以及股权激励的逐渐增加，管理层的收益越来越高，激励程度是逐年上升的。公司的总资产收益率均值在 2008 年为负值，这应该与我国 2008 年受到经济危机的冲击有关。公司的总资产收益率在 2009—2011 年出现了较为稳定的增长。从公司治理指标来看，第一大股东持股比例均值依然在 35% 左右，表明我国上市公司仍然保持了股权集中度较高的属性，大股东在公司中仍然具有较高的控制权。从董事会规模和独立董事所占比例数据可以看出，我国上市公司董事会平均人数约为 9 人，独立董事人数在董事会中所占比例是在不断上升的，独立董事人数超过董事会总人数的 1/3，表明我国上市公司独立董事制度建立得较为完善，但是独立董事是否起到了较好的公司治理作用，依然需要实证研究的检验。董事长与总经理两职合一的比例是逐年升高的，截至 2012 年，平均已有接近 1/4 的

表 4-2　　　　　　　　　　　描述性统计

变量	年度	均值	中位数	最大值	最小值	标准差
COMP	2008	13.56467	13.57598	16.53417	10.95992	0.777076
	2009	13.66022	13.67544	16.301	10.09411	0.792887
	2010	13.84875	13.8623	16.53681	10.37972	0.787154
	2011	13.97573	14.00087	16.6446	10.30795	0.723966
	2012	14.0398	14.05594	17.23912	11.51712	0.698106
ΔCOMP	2008	0.136382	0.073025	3.205453	-2.14554	0.429632
	2009	0.097600	0.057894	2.228195	-2.68977	0.38518
	2010	0.189754	0.129947	2.73478	-1.63806	0.386222
	2011	0.146109	0.090984	3.218244	-2.09286	0.352946
	2012	0.089191	0.048397	3.424177	-1.47936	0.321768
SR	2008	6.752407	0	21.95271	0	7.146819
	2009	7.129224	0	22.26102	0	7.683627
	2010	7.857398	9.340172	23.35879	0	8.108257
	2011	8.847647	10.59925	22.93528	0	8.421261
	2012	9.853812	12.00255	23.38228	0	8.552605
ΔSR	2008	-0.44504	0	5.978579	-5.8426	0.750276
	2009	0.323597	0	10.7849	-8.34641	0.740399
	2010	0.059073	0	9.352724	-5.42037	0.715343
	2011	-0.21508	0	8.947606	-4.94487	0.731481
	2012	-0.07539	0	13.90487	-9.47035	0.920398
ROA	2008	0.007149	0.026582	6.108681	-20.5482	0.609035
	2009	0.032902	0.032975	12.76339	-3.898	0.388115
	2010	0.043925	0.040392	7.69596	-8.46256	0.348813
	2011	0.054917	0.039976	22.00512	-2.16108	0.540826
	2012	0.035977	0.034566	2.163471	-2.06576	0.111593
ΔROA	2008	-0.63079	-0.00924	6.548172	-759.77	20.6936
	2009	0.025959	0.000843	17.20874	-2.8665	0.643854
	2010	0.01108	0.004166	8.207213	-12.621	0.474739
	2011	0.009382	-0.00283	27.30352	-7.62439	0.724592
	2012	-0.02237	-0.00615	2.457723	-22.155	0.516233

续表

变量	年度	均值	中位数	最大值	最小值	标准差
TOP	2008	35.9619	34.30086	86.41884	4.488741	15.20531
	2009	36.17259	34.3	86.2	3.64	15.47146
	2010	35.9596	33.75	86.2	3.5	15.53342
	2011	36.15383	33.94	89.41	0.14	15.82523
	2012	36.4456	34.48	89.41	2.197	15.57011
IDP	2008	0.360253	0.333333	0.6	0.142857	0.050105
	2009	0.364606	0.333333	0.714286	0.090909	0.051928
	2010	0.366877	0.333333	0.8	0.125	0.054585
	2011	0.368371	0.333333	0.714286	0.2	0.05534
	2012	0.370452	0.333333	0.714286	0.222222	0.055284
BOAS	2008	9.240563	9	18	4	1.886258
	2009	9.090263	9	18	4	1.832646
	2010	9.04094	9	18	4	1.772743
	2011	8.968822	9	18	5	1.719054
	2012	8.893267	9	18	5	1.722835
LEV	2008	0.65047	0.515985	96.95931	0.018299	2.762441
	2009	0.644158	0.516855	58.08223	0.014459	2.093731
	2010	0.593449	0.507365	29.69759	0.010827	1.304459
	2011	0.50225	0.47566	18.83753	0.00708	0.691344
	2012	0.470698	0.442962	11.50969	0.015349	0.527235
lnSIZE	2008	21.51513	21.40554	27.80908	15.76951	1.256085
	2009	21.61131	21.49995	28.0031	15.03867	1.339851
	2010	21.72391	21.61502	28.13565	13.07597	1.398068
	2011	21.79742	21.63705	28.28206	16.51955	1.326968
	2012	21.82512	21.65965	28.40521	16.11671	1.308262

虚拟变量	年度	取值为1的样本数（个）	比例（%）	取值为0的样本数（个）	比例（%）	样本总数（个）
DUAL	2008	205	15.2	1146	84.8	1351
	2009	225	16.0	1182	84.0	1407
	2010	265	17.8	1225	82.2	1490
	2011	365	21.1	1367	78.9	1732
	2012	468	23.4	1536	76.6	2004

上市公司董事长与总经理两职合一,这说明在我国上市公司中仍有相当比例的公司所有者并不信任职业经理人,亲自参与公司的经营活动。董事长与总经理两职合一缓解了股东与管理者的代理问题,但也有可能导致"一言堂"、大股东侵占小股东利益等问题。

二 实证结果分析

表4-3显示了模型的回归分析结果。模型1和模型2分别检验了公司业绩与货币薪酬和股权收益的相关性。结果显示,变量ROA

表4-3　管理者报酬与公司业绩的回归分析结果

自变量	COMP 模型1	SR 模型2	ΔCOMP 模型3	ΔSR 模型4
CONS	7.30*** (49.99)	-10.56*** (-6.40)	0.027 (0.35)	-0.450*** (-2.54)
ROA	0.071*** (3.77)	0.023 (0.11)	— (—)	— (—)
ΔROA	— (—)	— (—)	0.001*** (2.65)	0.0000 (0.04)
TOP	-0.002*** (-3.84)	-0.090*** (-15.42)	0.0008*** (2.92)	0.001* (1.72)
BOAS	0.006 (0.39)	0.007 (0.12)	-0.002 (-0.87)	-0.0004 (-0.08)
IDP	0.058 (0.38)	-1.05 (-0.62)	-0.032 (-0.38)	-0.123 (-0.67)
DUAL	0.174*** (8.64)	3.07*** (13.48)	0.035*** (3.17)	0.104*** (4.24)
LEV	-0.001*** (-3.03)	-0.348*** (-6.15)	0.002 (1.08)	0.004 (0.71)
lnSIZE	0.293*** (44.32)	0.930*** (12.46)	0.004** (2.46)	0.013*** (2.63)
调整的R^2	0.2350	0.1225	0.004	0.0024

注:表中括号内的数字为t值,*、**、***分别代表在10%、5%、1%的显著性水平上显著。

与 COMP 在 1% 的显著性水平上显著正相关,而 ROA 与 SR 不相关。这表明,我国上市公司管理者的货币薪酬水平与公司业绩水平直接相关,如果公司业绩较高,管理者就能获得更高的货币薪酬,货币薪酬是具有激励作用的薪酬安排。而股权收益与公司业绩之间未发现相关关系,这与假设相符合。第一种原因可能是由于股权激励不够普遍,另外就是我国上市公司业绩与股票价格之间不具有直接的相关关系。模型3和模型4检验了公司业绩的变化与货币薪酬变化、股权收益变化之间的相关关系,以检验公司业绩变化与薪酬变化之间的敏感性。从结果来看,ΔROA 与 ΔCOMP 在 1% 的显著性水平上显著正相关,而 ΔROA 与 ΔSR 不具有相关关系。这说明,我国上市公司管理者的货币薪酬变化对业绩变化有较强的敏感性,如果业绩增加幅度较高,那么货币薪酬的增加幅度也较高。管理者越努力提升公司的业绩水平,个人的货币收入也就越多。基于这一结论,管理者基于货币薪酬进行盈余管理的动机就具备了,因为只要管理者通过盈余管理能够提升公司的会计业绩,管理者的货币薪酬也会上升。

公司治理变量与管理者报酬水平的回归结果显示,第一大股东持股比例与货币薪酬水平之间存在显著的负相关关系,说明股权集中度越高管理者的货币薪酬激励水平越低,这可能是因为较高的股权集中度使得大股东对公司的控制权较高,更有利于大股东对管理者进行监督,代理成本较小,因此不需要对管理者进行较高水平的激励。公司董事长与总经理两职合一与管理者薪酬激励水平也存在显著的正相关关系,说明如果董事长和总经理两职合一,其薪酬水平也较高。这可能是因为董事长与总经理两职合一时,虽然并不需要以较高的激励水平缓解代理问题,但是董事长对公司的控制权是极大的,包括其对个人薪酬的定价权,因此有可能对其报酬进行更高的定价。董事会的规模与独立董事所占比例与管理者报酬激励水平不存在相关关系,这可能是因为,在对管理者进行激励时,较高的代理成本是进行高激励的主要原因,可能我国上市公司董事会的规模与独立董事比例对这一问题影响不大。

模型中的控制变量也都与因变量之间有显著的相关关系，起到了较好的控制作用。

为了考察研究结果的稳健性，笔者还做了一系列稳健性分析。首先，对于公司业绩指标进行了替换，由于净资产收益率和销售利润率也是货币薪酬激励中的考核指标，因此采用这两个指标替代总资产收益率进行回归分析。其次，对于不同最终控制人主体的公司，分组进行了回归分析。发现结论与原有结论没有实质性差异，说明原有结论是可靠的。

三 结果分析与研究结论

根据上述实证研究结果，可以得到以下研究结论。

（一）上市公司业绩与管理者报酬水平具有正相关关系，管理者可能产生盈余管理的动机

从实证研究结果可以发现，我国上市公司业绩与管理者货币薪酬之间具有显著的正相关关系，说明当公司的会计利润越高时，管理者的货币薪酬水平越高，进一步证实了研究假说，我国上市公司管理者的报酬激励机制已经表现出市场经济条件下报酬激励的基本特征，即与公司业绩的相关性。这一方面说明了我国上市公司管理者报酬激励机制的逐渐优化，管理者可能通过努力工作改善公司业绩以获取更高的报酬水平；另一方面也表明，上市公司的管理者在这种报酬激励机制下，能够通过调整公司的会计盈余而改变个人的报酬水平，因此可能产生进行盈余管理的动机。这既是本书进行上市公司管理者报酬激励与盈余管理研究的前提，也是下一章实证研究的基础。

（二）上市公司管理者的货币报酬激励程度较强，报酬变化与公司业绩的变化表现出正相关关系

根据实证结果可以发现，公司会计业绩的变化与管理者货币薪酬变化表现出显著的正相关关系，说明当公司会计业绩的增长较大时，管理者报酬水平的增长程度也较高。这说明我国上市公司管理者的货币薪酬变化与公司业绩的变化敏感度较高，公司业绩的增长能够带来管理者货币薪酬更高的增长程度，说明对管理者的报酬激励力度是较大的。

（三）上市公司管理者的股权收益受到股票市场较大的影响，公司业绩与股权收益暂时没有表现出相关关系，股权激励机制对上市公司管理者来说是否具有激励效果，仍待长时间窗口数据的进一步检验

在检验结果中，未发现管理者的股权收益与会计业绩的相关关系，这说明管理者的股权收益可能受股票市场价格的影响较大，但这并不能说明股权激励机制的无效，其激励效果以及股权收益与公司会计业绩的相关性仍需通过长期的观察和检验来验证，在股票市场低迷的情况下，管理者也不会将持有的股份出售以获取股权收益，因此对于管理者的效用水平影响较大的仍然是货币薪酬，股权收益对管理者的影响也要经过较长期间的检验才能确定。

（四）公司治理特征对管理者的报酬会产生一定的影响

从实证结果可以看出，股权集中度越高，管理者的报酬水平越低，较高的股权集中度能够对管理者进行更有力的监督以降低代理成本，因此报酬激励程度较低；董事长与总经理两职合一使得管理者报酬水平较高，这可能是因为董事长对其报酬有较高的定价权导致的。

根据上述研究结论，已经证实我国上市公司管理者的报酬水平与公司业绩显著相关，管理者存在基于报酬激励的盈余管理动机，管理者报酬激励是否会导致盈余管理行为的发生，将在下一章进行实证研究。

第五节 本章小结

本章研究的目的在于检验我国上市公司业绩与管理者报酬的相关性，以考察我国上市公司管理者是否可能产生盈余管理的动机。首先，通过理论分析，说明管理者报酬激励机制要发挥激励作用就必须将管理者的报酬水平与公司的业绩相关联；然后，提出理论即认为我国上市公司管理者货币报酬与公司的业绩应表现出正相关关

系，但股权激励与公司业绩不具有关联性。

　　根据实证研究结果分析，得到如下研究结论：上市公司管理者报酬激励使管理者可能产生盈余管理的动机；股权收益受到股票市场较大的影响，激励作用尚待进一步检验；货币报酬激励程度较高，货币报酬变化与公司业绩的变化表现出正相关关系；股权收益并未与公司业绩表现出相关关系。根据以上研究结论，将在下一章检验我国上市公司管理者可能产生基于报酬的盈余管理动机下是否会导致盈余管理行为的发生。

第五章　上市公司管理者报酬激励与盈余管理的实证分析

盈余管理行为的发生至少需要满足两个条件：一是主观条件，即公司管理者可能存在通过进行盈余管理达到某种目的的动机，动机缺乏就不足以使盈余管理行为发生；二是客观条件，即管理者有进行盈余管理的可能性。这种可能性不仅受到法律环境、监管环境以及会计准则等外部因素的影响，还受到公司内部治理机制的影响。本章检验了上市公司业绩与管理者报酬激励的关联性，发现了管理者报酬与公司业绩正相关的经验证据。这种相关性既可能促使管理者努力工作以追求更高水平的公司业绩，但也可能使管理者产生通过盈余管理调整会计盈余进而获取私有收益的动机。我国上市公司的管理者报酬激励机制是否会导致盈余管理行为的发生？何种形式的报酬激励能够引发盈余管理行为呢？报酬激励更容易引发何种形式的盈余管理？而盈余管理会对报酬的激励效应产生怎样的影响？针对这些问题，本章将对上市公司管理者报酬激励与盈余管理之间的关系进行检验。

第一节　研究假说

在实证会计理论发展之初，西方学术界就将管理者报酬契约作为外因之一，用以检验企业的盈余管理行为。最初用于检验的报酬激励形式主要以奖金计划为主。研究奖金计划与盈余管理关系的学者认为，奖金计划激励之下，管理者能够根据奖金水平的设置，调整会计应计项目进行盈余管理，以获取更高的薪酬。希利（1985），加弗、加弗和奥斯汀（1995），Balsam（1998）以及 Guidry、Leone 和 Rock（1999）都将研究重点放在奖金计划的上下限设置与操控性会计应计项目的关系上，用以检验奖金最大化假设下管理者的盈余管理行为。研究结果证实了，在企业的奖金计划下管理者会通过操纵应计项目进行盈余管理。我国学术界对管理者报酬激励与盈余管理的早期研究并不认为管理者报酬激励能够引发管理者的盈余管理行为。王跃堂（2000）、蒋义宏和魏刚（2001）等学者认为，基于资本市场的动机是引发盈余管理的主要因素。陈小悦等（2000）、魏明海（2000）、刘斌等（2003）也支持这一观点。这一研究结论与我国上市公司薪酬激励机制的发展阶段有关，也与我国的资本市场环境有关。上市公司实施年薪制的规定是于1999年才正式实施，这一时期上市公司管理者的薪酬激励程度普遍较低，而且诸多国有控股上市公司还存在管理者的"零薪酬"现象，这样的薪酬激励情况显然无法成为盈余管理行为的动机。在这一时期，我国资本市场发展较为不完善，上市公司在首发上市和再融资中的盈余管理行为，才是这一阶段盈余管理发生的主要原因。

近几年来，随着现代企业制度的完善，上市公司治理机制也逐步完善，特别是职业经理人薪酬激励制度开始普遍实施。过去某些国有控股公司管理者的"零薪酬"现象几乎消失，取而代之的是管理层较高的货币薪酬。1999年，上市公司管理层货币薪酬总额均值约为40万元，到2005年这一数值增加到163万元，到2012年则继续增长为460万元（袁知柱等，2014）。管理者的货币薪酬不仅仅在数量上大幅提升，而且其货币薪酬与企业业绩的关联程度也逐渐加大。货币薪酬激励是对管理者最主要的短期激励方式，根据完全契约理论，这一激励方式是减少委托—代理成本、缓解股东与管理层代理冲突的有效方式。将管理者的货币薪酬与企业业绩进行关联，使得管理者与股东利益趋于一致，为了追求利益趋同，管理者会通过努力工作提升企业业绩从而提升自身的货币薪酬。袁知柱等（2014）认为，利益趋同效应能够促使管理者的利益与企业利益趋于一致，制定与企业业绩关联的薪酬激励制度有助于提升公司价值。但是，当管理者的货币薪酬与公司业绩具有关联性时，管理者的货币薪酬激励也就成为盈余管理的动机之一。管理者在通过自身努力无法较好地提升公司业绩时，就有可能利用盈余管理调整公司业绩从而提升自身的货币薪酬。特别是货币薪酬激励，是对管理者的一种短期激励。在面临自身利益与公司利益不一致的情况下，短期激励更容易导致管理者的机会主义行为，也就有可能引发管理者较高的盈余管理动机。王克敏和王志超（2007）证实了上市公司管理者报酬与盈余管理具有正相关关系，并证实这一关系会受到管理者控制权的影响。他认为，管理者控制权的增加，能够降低管理者对于货币薪酬水平的期望，从而削弱薪酬与盈余管理之间的关系。朱星文等（2008）证实，当管理者的报酬契约是基于会计业绩设计时，管理者存在利用盈余管理调增会计收益的行为，李延喜等（2007）的实证研究也基本支持这一观点。基于以上理论分析，提出如下假设：

H3：上市公司管理者的货币薪酬激励与盈余管理程度呈正相关关系。

股权激励是对管理者实施长期激励的主要手段，这一激励形式在西方国家较为普及。虽然股权激励是以公司的市场价值为依据，但会计信息在短期内能够影响公司股价，因此西方众多学者考察了股票期权对于盈余管理的影响。其中，部分学者发现公司存在管理者通过向上的盈余管理影响股价，并在此之后通过出售所持股票实现股票的增值权（Beneish，2001；Gao and Shrieves，2002；Denis，Hanouna and Sarin，2006；Cohen et al.，2008）。Bergstresser 和 Philippon（2006）、Daniel 和 Thomas（2006）发现，在 CEO 的潜在薪酬与他们所持有的股票或期权价值联系越紧密的公司中，利用操控性应计项目操纵报告盈余就越显著。另外，在应计收益较高的年份，CEO 们会行使不寻常的大数额的期权，并会卖掉高额度的股票。

我国实施股权激励的上市公司并不普及，管理者持股水平与西方国家也有较大差异。随着2006年股权激励办法的实施，我国越来越多的上市公司实施了股权激励方案。截至2011年，我国A股已有近300家上市公司公布了股权激励方案（袁知柱等，2014）。我国部分学者也检验了股权激励与盈余管理之间的关系。肖淑芳等（2009）检验了股权激励计划公告日前经理人的盈余管理行为，发现了经理人通过操控性应计利润进行的向下的盈余管理，而公告后存在反转现象。耿照源等（2009）发现，实施股权激励的公司比未实施的公司表现出更严重的盈余管理。赵息等（2008），严玉康（2008），王兵、卢锐和徐正刚（2009）也得出管理者股权激励与盈余管理正相关的研究结论。苏冬蔚和林大庞（2014）也发现管理层可能为了将股权收益和期权收益变现而在行权之前实施盈余管理行为。但是，股权激励作为长期激励形式，更容易在长期内使管理者的利益与公司利益趋同，管理者的机会主义行为在面临长期激励时可能会受到限制。另外，在我国的资本市场，有三个方面原因也使管理者较难通过盈余管理提升其股权收益。首先，股权激励方案公布后，管理者难以在短期内将股权收益变现，因此，短期的盈余调整对管理者的股权收益难以产生较大的影响；其次，我国股价对上市公司业绩并不灵敏，公司业绩的变化在短期内并不会导致股价同方向的明显波动，反而是市场外部环境导致股价的波动远大于基于公司内部信息的波动；最后，从长期来看，盈余管理并不能影响公司的真实会计盈余（宁亚平，2005）。管理者进行的盈余管理从长期并不影响公司的真实价值，也就难以影响其股票价格。因此，对管理者进行股权激励并不容易激发其机会主义行为，反而股权激励作为协同管理者与股东利益的公司治理手段，能够有效地发挥其公司治理作用，为了确保其长期的利益，管理者更有动力抑制公司的盈余管理这种短期机会主义行为。由此，提出如下假设：

H4：上市公司管理者股权激励水平与盈余管理程度存在负相关关系。

我国上市公司薪酬制度的发展使货币薪酬和股权激励都成为管理者进行盈余管理的动机，那么在管理者实施盈余管理的过程中，管理者更倾向于采用何种盈余管理方式呢？应计盈余管理与真实盈余管理这两种方法的操作方式和操作成本不同。从操作方式来看，应计盈余管理只需要通过会计手段调整盈余，其操作成本较低，但是这种方式有可能被审计师发现，面临较高的诉讼风险；而真实盈余管理则需要管理者安排真实的交易或事项进行盈余的调整，隐蔽性更高，但是操作起来更加复杂。从我国的制度背景来看，我国新会计准则在2007年1月1日正式实施以来，一些会计准则的变化遏制了管理者通过应计项目进行盈余管理的操作空间，比如资产减值准则的变化即被学者证实有效遏制了应计盈余管理程度（龚启辉等，2014）。袁知柱等（2014）认为，目前我国上市公司管理层进行应计盈余管理的诉讼风险并不高，而真实盈余管理操作起来更为复杂，管理层仍然较多采用应计盈余管理方式。但也有越来越多的学者找到了管理者进行真实盈余管理的经验证据（李增福等，2011；李江涛、何苦，2012），发现越来越多的上市公司管理者通过真实盈余管理逃避高质量的审计监督，或者避免更高的税收。如果盈余管理仅仅是基于管理者的报酬激励动机，那么应计的盈余管理也难以得到董事会的认可，而管理者却可以在一定的范围内通过安排真实的交易等进行盈余管理，这样的盈余管理行为并不容易被董事会识破。因此，在基于报酬激励的盈余管理动机下，管理者更倾向于进行真实的盈余管理行为。因此，提出如下假设：

H5：相较于应计盈余管理，管理者报酬激励更容易导致真实的盈余管理。

本书在第三章通过理论分析得出结论，认为公司治理机制能够对管制报酬激励引发的盈余管理行为产生影响。而国内外学者的研究也证实了这一观点。Laux和Laux（2009）就发现较好的董事会功能结构设置能够抑制报酬激励引发的盈余管理行为。Beaudoin（2008）则通过实验研究发现公开承诺承担社会责任的公司的管理者会减少由管理者报酬激励而导致的盈余管理行为，Chih、Shen和Kang（2008）也得出类似的结论。相比较发现，我国学者对于这一问题的研究关注较晚，这与我国上市公司报酬激励制度的发展也是密切相关的。2006年以后，随着股权改革的完成和国有上市公司股权激励办法的出台，我国学者对管理者报酬激励机制问题的研究逐渐增多。对于管理者报酬激励机制引发的盈余管理问题，也有学者开始进行了研究，但研究结论却又不甚一致。其中，王化成（2008）、张兆国等（2009）都未发现管理者持股对盈余管理的影响，而肖淑芳等（2009）、耿照源等（2009）、赵息等（2008）都得出管理者股权激励与盈余管理具有正向关系的研究结论，但未深入探讨公司治理特征对于二者关系的影响。王克敏和王志超（2007）、朱星文等（2008）通过实证研究发现，高管报酬水平与盈余管理具有正相关关系，并且高管的控制权和公司治理水平都会对二者的关系造成影响。对于我国上市公司来说，较高的公司治理水平能够对管理者进行较强的权力约束，增加管理者为获取私利进行盈余管理的成本，降低管理者进行盈余管理的可能性。因此，提出如下假设：

H6：具有较高公司治理水平的上市公司对管理者报酬激励引发的盈余管理行为具有抑制作用。

第二节 变量设置与经验模型

一 变量设置

根据上述假设，研究变量设置如下。

（一）盈余管理程度

被解释变量为盈余管理程度。盈余管理的手段既包括利用会计选择调整会计应计项目改变会计盈余的方法，也包括通过安排真实交易进行的盈余管理行为。盈余管理研究的主要文献大多是采用计算会计应计项目的盈余管理（Jones, 1991; Dechow et al., 1995），也有文献利用频率分布模型来估计盈余管理的程度（Burgstahler and Dichev, 1997; 吴联生等, 2007）。近几年来，有少数学者开始关注应计盈余管理和真实盈余管理两种方式。Roychowdhury（2006）认为,真实的盈余管理是管理层试图误导股东,以使其相信公司是通过正常经营而达到财务目标,于是其通过偏离正常经营情况的真实经营活动来操纵会计利润。科恩等(2008)就发现,在萨班斯法案通过前,公司应计盈余管理稳定地逐年增加,但是该法案发布后,应计盈余管理程度显著下降,而真实盈余管理则与此恰好相反,出现上升趋势。我国在 2006 年颁布了新的会计准则,并于 2007 年在上市公司中正式实施。新的会计准则对于提取减值准备等常被利用进行盈余管理的会计准则进行了新的规定,比如固定资产的减值准备不可转回。新准则的实施必将影响管理者通过应计项目进行盈余管理的行为,真实的盈余管理手段就可能被采用。因此,本书对于盈余管理程度的测度采用两种方式,一是利用修正的琼斯模型(Dechow et al.,1995)来计算盈余管理程度,二是利用 Roychowdhury(2006)和科恩等(2008)对于真实盈余管理程度的计算方法测度真实盈余管理。

应计盈余管理的具体计算过程如下:

首先,采用修正的琼斯模型,对分年度、分行业样本数据进行回归,计算回归系数 a_1、a_2、a_3。根据中国证监会 2001 年颁布的《上市公司行业分类指引》,本章将所有上市公司分为 21 类。其中,制造业取两位分类代码(C2 行业公司极少,因此剔除这一类),其他行业取一位分类代码。

$$\frac{TASS_{it}}{ASS_{i,t-1}} = a_0 + a_1 \frac{1}{ASS_{i,t-1}} + a_2 \frac{\Delta REV_{it}}{ASS_{i,t-1}} + a_3 \frac{PPE_{it}}{ASS_{i,t-1}} + \varepsilon_{it} \quad (5.1)$$

式中,$TASS_{it}$ 是公司 i 的线下项目前总应计利润,即 $TASS_{it} = OR_{it} - CFN_{it}$,其中 OR_{it} 为公司 i 第 t 年的营业利润,CFN_{it} 为公司 i 第 t 年的经营活动现金流量净额;$ASS_{i,t-1}$ 为公司 i 上年年末的总资产;ΔREV_{it} 为公司 i 第 t 年营业收入和上年营业收入的差额;PPE_{it} 为公司 i 第 t 年的固定资产。

其次,根据式(5.1)计算出的回归系数,采用修正的琼斯模型计算样本公司的非操控性应计利润。

$$NDA_{it} = a_0 + a_1 \frac{1}{ASS_{i,t-1}} + a_2 \frac{\Delta REV_{it} - \Delta REC_{it}}{ASS_{i,t-1}} + a_3 \frac{PPE_{it}}{ASS_{i,t-1}} + \varepsilon_{it} \tag{5.2}$$

式中，NDA_{it}为公司i第t年的非操控性应计利润；ΔREC_{it}为公司i第t年应收账款和上年应收账款的差额。

最后，计算公司i第t年的操控性应计利润，即盈余管理程度DA_{it}。

$$DA_{it} = \frac{TASS_{it}}{ASS_{i,t-1}} - NDA_{it} \tag{5.3}$$

真实盈余管理水平的计算过程如下：

Roychowdhury（2006）和科恩等（2008）用异常经营活动现金流净额、可操控性费用和异常产品成本计算。计算方法是，首先计算出正常的经营活动现金流量（CFO）、不可操控性费用（DISEXP）和产品成本（PROD），再用实际数值减去正常值，即得到这三个指标的异常值。

指标 CFO 和指标 DISEXP 与 i 公司第 t 年年末的总资产（ASS_{it}）和第 t 年的销售收入（S_{it}）存在如下线性关系：

$$\frac{CFO_{it}}{ASS_{i,t-1}} = a_1 \frac{1}{ASS_{i,t-1}} + a_2 \frac{S_{it}}{ASS_{i,t-1}} + a_3 \frac{\Delta S_{it}}{ASS_{i,t-1}} + \varepsilon_{it} \tag{5.4}$$

$$\frac{DISEXP_{it}}{ASS_{i,t-1}} = a_1 \frac{1}{ASS_{i,t-1}} + a_2 \frac{S_{i,t-1}}{ASS_{i,t-1}} + \varepsilon_{it} \tag{5.5}$$

根据式（5.4）和式（5.5），利用样本分年度、分行业数据估计出系数从而求出政策的指标水平，再以实际的经营现金流量和不可操控性费用减去根据系数计算出的正常值，从而得到异常经营现金流量和异常不可操控性费用。

产品成本包括产品销售成本（COST）和当年存货的变动额（ΔINV），二者分别满足下列的线性模型：

$$\frac{COST_{it}}{ASS_{i,t-1}} = a_1 \frac{1}{ASS_{i,t-1}} + a_2 \frac{S_{it}}{ASS_{i,t-1}} + \varepsilon_{it} \tag{5.6}$$

$$\frac{\Delta INV_{it}}{ASS_{i,t-1}} = a_1 \frac{1}{ASS_{i,t-1}} + a_2 \frac{\Delta S_{it}}{ASS_{i,t-1}} + a_3 \frac{\Delta S_{i,t-1}}{ASS_{i,t-1}} + \varepsilon_{it} \tag{5.7}$$

根据式（5.6）和式（5.7），可以得到：

$$\frac{PROD_{it}}{ASS_{i,t-1}} = a_1 \frac{1}{ASS_{i,t-1}} + a_2 \frac{S_{it}}{ASS_{i,t-1}} + a_3 \frac{\Delta S_{it}}{ASS_{i,t-1}} + a_4 \frac{\Delta S_{i,t-1}}{ASS_{i,t-1}} + \varepsilon_{it}$$
(5.8)

根据式（5.8）计算的系数求得正常产品成本，再以实际水平减去正常产品水平，即可得到异常产品成本。

本章中，CFO采用经营活动的现金流量净额，ASS采用公司总资产，DISEXP采用销售费用与管理费用之和，S采用主营业务收入，ΔINV采用第t年存货与前一年存货的差值，COST采用主营业务成本。本章使用异常现金流量、异常产品成本和异常费用三个指标代表真实的盈余管理水平，同时，考虑到公司可能同时采用多种手段进行真实盈余管理，将这三个指标和REM（真实盈余管理程度）作为真实盈余管理的总体指标。

公司管理者既可能采用应计盈余管理的办法，也可能采用真实盈余管理的方法，也可能两种方法同时采用。因此，变量DA和REM将分别作为被解释变量进行回归分析，在其中一个变量作为被解释变量时，另一个变量将作为其他模型的被解释变量进行控制。由于管理者激励动机下的盈余管理行为应为更高程度的正向盈余管理，或者是减少负向盈余管理的程度，因此，在回归时采用DA和REM的绝对值衡量盈余管理的程度，以DA和REM的原值衡量盈余管理的方向。

（二）管理者货币薪酬水平

货币薪酬采用前三名高管货币薪酬之和的自然对数。

（三）管理者股权激励水平

本章将选用两个反映管理者股权激励水平的变量，一是前三名高管持股比例；二是采用高管股权收益占总薪酬的比例。根据Bergstresser和Philippon（2006）、苏冬蔚和林大庞（2010）的研究成果，本章通过式（5.9）计算高管股权收益占总薪酬的比例（SHARES）。

$$SHARES_{it} = \frac{0.01 \times PRICE_{it} \times CSHARES_{it}}{0.01 \times PRICE_{it} \times CSHARES_{it} + CASHPAY_{it}} \quad (5.9)$$

其中，$PRICE_{it}$ 为公司 i 第 t 年年末的股票收盘价，$CASHPAY_{it}$ 为公司前三名高管当年的货币薪酬总额，$CSHARES_{it}$ 为公司前三名高管的持股数量。

（四）公司治理指标

本章采用董事会规模、独立董事在董事会中所占比例、董事长与总经理是否两职合一，以及第一大股东持股比例作为公司治理指标，以检验公司治理水平对管理者报酬激励和盈余管理关系的影响。

（五）控制变量

采用资产负债率、公司规模和公司盈利能力作为控制变量。

变量定义如表5-1所示。

表5-1　　　　　　　　变量定义

类别	变量	符号	定义
盈余管理变量	应计盈余管理	DA	应计盈余管理程度
	真实盈余管理	REM	真实盈余管理程度
薪酬变量	货币薪酬	COMP	前三名高管年度薪酬总额的自然对数
	股权激励	ESP	高管人员持股比例
		SHARES	股权收益占总薪酬比例
公司治理变量	股权集中度	TOP	第一大股东持股比例
	董事会规模	BOAS	董事会总人数
	独立董事比例	IDP	独立董事人数与全体董事会人数之比
控制变量	资产负债率	LEV	资产负债率
	总资产	lnSIZE	企业总资产的自然对数
	盈利能力	ROA	总资产收益率
	行业	Industry	—
	年度	Year	—

二　经验模型

根据上述假设，参考科恩等（Cohen et al.，2008）的方法，建立经验模型如下：

$$DA_{it} = a_0 + a_1 SAL_{it} + a_2 TOP_{it} + a_3 BOAS_{it} + a_4 IDP_{it} + a_5 LEV_{it} +$$
$$a_6 \ln SIZE_{it} + a_7 ROA_{it} + a_8 REM_{it} + \sum_{j=1}^{20} \beta_j Industry_{ij} +$$
$$\sum_{t=1}^{4} \gamma_t Year_{it} + \varepsilon_{it} \quad (5.10)$$

$$REM_{it} = a_0 + a_1 SAL_{it} + a_2 TOP_{it} + a_3 BOAS_{it} + a_4 IDP_{it} + a_5 LEV_{it} +$$
$$a_6 \ln SIZE_{it} + a_7 ROA_{it} + a_8 DA_{it} + \sum_{j=1}^{20} Industry_{ij} +$$
$$\sum_{t=1}^{5} \gamma_t Year_{it} + \varepsilon_{it} \quad (5.11)$$

其中，SAL 代表薪酬变量，分别采用 COMP、ESP 和 SHARES 三个变量进行检验；DA 和 REM 分别采用原值和绝对值进行检验，绝对值用 AbsDA 和 AbsREM 表示。本书采用 OLS 方法对数据进行回归分析。

第三节 实证检验与结果分析

一 描述性统计

表 5-2 显示的是盈余管理程度的描述性统计结果。

表 5-2　　　　　盈余管理程度的描述性统计

变量	统计量	2008 年	2009 年	2010 年	2011 年	2012 年
DA	均值	-0.00019	0.00138	-0.00053	0.00617	0.00272
	中位数	0.000058	0.00559	-0.00710	-0.00112	0.00037
	最大值	0.35752	0.35130	0.35629	0.34978	0.35773
	最小值	-0.31515	-0.32670	-0.32573	-0.32739	-0.32540
	标准差	0.09286	0.09685	0.09432	0.09287	0.08006
REM	均值	-0.00212	-0.00230	-0.00739	-0.00373	-0.00464
	中位数	-0.00621	-0.00754	-0.00244	-0.00032	0.00009
	最大值	0.65113	0.64957	0.62172	0.64215	0.56656
	最小值	-1.26944	-1.36711	-0.93021	-0.97328	-1.31275
	标准差	0.15581	0.15764	0.12232	0.15246	0.13492

从表 5-2 可见，从 2008—2012 年，应计盈余管理和真实盈余管理的程度没有呈现有规律的递增或递减，但是应计盈余管理程度在 2010 年较低，而真实盈余管理程度则为五年中最高，2011 年应计盈余管理程度为五年中最高，但真实盈余管理程度较低，这说明应计盈余管理和真实盈余管理之间有一定程度的替代，由此可以发现，管理者会综合运用应计盈余管理与真实盈余管理，两种盈余管理形式对于管理者来说是具有互补性的盈余管理方法。

二 实证结果

表 5-3 显示了模型的回归分析结果。其中，模型 1 到模型 6 分别检验了管理者报酬激励水平与应计盈余管理程度和真实盈余管理程度的相关关系。结果显示，COMP、ESP 和 SHARES 与 AbsDA 没有表现出相关关系，即并没有发现管理者报酬激励与应计盈余管理程度具有相关性的经验证据，管理者报酬激励水平既没有抑制上市公司的应计盈余管理，也没有加深上市公司的应计盈余管理程度。管理者报酬激励水平与真实盈余管理程度的检验结果显示，COMP 与 AbsREM 在 1% 的显著性水平上正相关，表明管理者的货币薪酬水平与真实盈余管理程度存在正相关关系，管理者的货币薪酬水平越高越会引发更高程度的真实盈余管理，由此验证了本章的假设。但是，ESP 和 SHARES 与 AbsREM 分别在 5% 和 1% 的显著性水平上负相关，说明股权激励水平越高，公司真实盈余管理的程度越低，管理者的股权激励作为一种长期激励方式确实在一定程度上抑制了公司的盈余管理，管理者股权激励的利益趋同效应超越了其机会主义动机，起到了积极的公司治理作用。以上结果说明管理者的货币薪酬能够导致公司的盈余管理行为，而股权激励则起到了一定的抑制盈余管理的作用，长期激励方式比短期激励方式具有更高的公司治理作用。AbsDA 和 AbsREM 存在显著的正相关关系，说明管理者对于这两种方法的使用具有挤兑效应，并且依据以上实证结果表明，目前我国上市公司的管理者更倾向于使用真实盈余管理的方式，这与本章的假设相符。

表 5 - 3　　报酬激励与盈余管理程度的回归分析结果

自变量	AbsDA 模型1	AbsDA 模型2	AbsDA 模型3	AbsREM 模型4	AbsREM 模型5	AbsREM 模型6
CONS	0.113*** (5.91)	0.099*** (5.92)	0.099*** (5.93)	-0.012 (-0.44)	0.038*** (4.11)	0.038*** (4.12)
COMP	-0.002 (-1.50)	— (—)	— (—)	0.044*** (2.89)	— (—)	— (—)
ESP	— (—)	0.0003 (0.02)	— (—)	— (—)	-0.055** (-2.34)	— (—)
SHARES	— (—)	— (—)	0.0008 (0.19)	— (—)	— (—)	-0.019*** (-2.65)
TOP	0.000 (0.57)	0.000 (0.65)	0.000 (0.66)	0.0003*** (3.17)	0.0003*** (3.33)	0.0003*** (3.21)
BOAS	-0.0005 (-0.90)	-0.0005 (-0.93)	-0.0005 (-0.94)	-0.0015* (-1.72)	-0.0014* (-1.69)	-0.0013* (-1.68)
IDP	-0.008* (-1.78)	-0.008* (-1.79)	-0.008* (-1.79)	-0.005* (-1.87)	-0.006** (-2.14)	-0.005* (-1.88)
LEV	0.010*** (6.63)	0.010*** (7.05)	0.010*** (6.64)	0.006** (2.26)	0.005** (2.16)	0.006** (2.12)
lnSIZE	-0.002** (-2.25)	-0.002*** (-3.16)	-0.002*** (-3.26)	-0.0009** (-2.11)	-0.008*** (-2.65)	-0.008*** (-2.79)
ROA	0.023** (2.31)	0.025** (2.06)	0.024** (2.05)	0.055*** (3.62)	0.061*** (4.08)	0.062*** (4.13)
DA	— (—)	— (—)	— (—)	0.561*** (23.03)	0.559*** (22.96)	0.0559*** (22.96)
REM	0.189*** (23.01)	0.189*** (22.96)	0.189*** (22.97)	— (—)	— (—)	— (—)
调整的 R^2	0.1236	0.1233	0.1228	0.1177	0.1181	0.1184

注：表中括号内的数字为 t 值，*、**、*** 分别代表在10%、5%、1%的显著性水平上显著。

在公司治理变量中，IDP 与 AbsDA 和 AbsREM 在10%的显著性水平上或5%的显著性水平上负相关，BOAS 与 AbsREM 在10%的显著性水平上存在负相关关系，说明董事会规模和独立董事所占比例对真实盈余管理程度有一定的抑制作用,这可能是因为董事会规模越大,独立董事人数越多,管理者越难以说服董事会进行真实的盈余管理操作,较高的公司治理水平能够抑制盈余管理的发生。第一大股东持股比例(TOP)与真实盈余管理程度在1%的显著性水平上显著正相关,表明股权集中度越高越可能导致真实盈余管理的发生,因为大股东的权力受到的约束越少,越有可能采用真实盈余管理的方式达到其目标,因此较为分散的股权有利于完善公司治理结构,约束大股东权力,提升公司的会计信息质量。由此可见,较高的公司治理水平的确在一定程度上具有抑制盈余管理的作用。控制变量与盈余管理都存在较为显著的相关关系,lnSIZE 与盈余管理显著负相关,LEV 和 ROA 都与应计盈余管理程度和真实盈余管理程度显著正相关,表明规模越大的公司越能抑制盈余管理行为的发生,资产负债率越高其盈余管理程度越严重,这与理论分析部分的结论是一致的,即总资产收益率越高,盈余管理水平也越高。

模型7至模型12(见表5-4)中被解释变量采用 DA 和 REM 的原值,考察了管理者报酬激励水平对应计盈余管理和真实盈余管理方向的影响。结果表明,COMP 在5%的显著性水平上与 DA 正相关,ESP 和 SHARES 均在1%的显著性水平上与 DA 显著正相关。这表明管理者货币薪酬水平和股权激励水平越高,盈余管理的值越高,高薪酬激励更容易引起正向盈余管理,或者管理者为了确保自己的报酬水平,会减少向下的盈余管理程度。COMP、ESP 和 SHARES 也表现出了与 REM 显著的正相关关系,这表明对于真实的盈余管理,管理者也更倾向增加向上的盈余管理程度,以确保自己与公司业绩相关联的收益水平。

表5-4 报酬激励与盈余管理方向的回归分析结果

自变量	DA			REM		
	模型7	模型8	模型9	模型10	模型11	模型12
CONS	-0.219***	-0.190***	-0.187***	-0.365***	-0.380***	-0.036***
	(-7.66)	(-7.57)	(-7.45)	(-8.53)	(-10.15)	(-8.23)

续表

自变量	DA			REM		
	模型7	模型8	模型9	模型10	模型11	模型12
COMP	0.004** (2.31)	— (—)	— (—)	0.023** (2.17)	— (—)	— (—)
ESP	— (—)	0.058*** (2.76)	— (—)	— (—)	0.085*** (2.69)	— (—)
SHARES	— (—)	— (—)	0.024*** (3.83)	— (—)	— (—)	0.025*** (2.61)
TOP	0.000 (1.08)	0.000 (1.11)	0.000 (1.12)	-0.0002 (-1.46)	-0.0002 (-1.44)	0.0001 (1.22)
BOAS	-0.001 (-1.18)	-0.001 (-1.19)	-0.001 (-1.19)	-0.0008 (-0.68)	-0.00008 (-0.69)	0.002 (1.7)
IDP	0.051* (1.91)	0.052* (1.92)	0.051* (1.92)	0.005 (0.14)	0.004 (0.11)	0.055 (1.4)
LEV	0.011*** (3.83)	0.011*** (3.91)	0.011*** (3.91)	-0.007** (-2.19)	-0.007** (-2.08)	-0.006** (-1.93)
lnSIZE	0.005*** (4.57)	0.007*** (6.38)	0.007*** (6.19)	0.017*** (8.51)	0.016*** (9.02)	0.015*** (9.76)
ROA	0.113*** (6.39)	0.112*** (6.43)	0.112*** (6.41)	-0.077*** (-3.81)	-0.083*** (-4.12)	-0.071*** (-3.51)
DA	— (—)	— (—)	— (—)	-0.397*** (-18.47)	-0.399*** (-18.50)	-0.401*** (-18.53)
REM	-0.177*** (-18.38)	-0.178*** (-18.50)	-0.179*** (-18.53)	— (—)	— (—)	— (—)
调整的 R^2	0.1165	0.1170	0.1203	0.0910	0.0924	0.0923

注：***表示在1%的显著性水平上显著。

为了考察研究结果的稳健性，本章做了稳健性分析。对于实际盈余管理的度量，上述实际盈余管理的度量是代表实际盈余管理程度的三个指标之和，为了克服这一度量方法的偏差，将实际盈余管理的三个指标分别纳入模型进行了回归。上述稳健性检验结果与前文的结果基本一致，因此，本书认为前文的结论是可靠的。

三 结果分析与研究结论

根据上述实证研究结果，可以得到以下研究结论。

（一）上市公司的管理者货币薪酬水平与盈余管理正相关

根据实证分析结果可以发现，我国上市公司管理者的货币薪酬水平与真实盈余管理程度存在正相关关系，说明货币薪酬激励导致了盈余管理行为的发生。这一结果与第四章的研究结论也是一致的，即管理者的货币薪酬激励使管理者具备进行盈余管理的动机，在上市公司存在盈余管理可能性的情况下，由报酬激励引发的盈余管理行为就会发生。

（二）上市公司的股权激励与盈余管理程度负相关

本书第四章的研究结论表明，管理者的股权收益并未表现出与公司会计业绩的相关性，管理者不具有基于股权激励的盈余管理动机。由于股权激励对管理者而言是一种长期激励形式，管理者短期内也不会实现股权收益，而股权激励却更能激励管理者进行与公司利益一致的决策，而不是采取短期的机会主义行为。因此，股权激励发挥了公司治理的长期激励作用，抑制了盈余管理。

（三）较好的公司治理机制有助于抑制盈余管理行为的发生

根据研究结果，董事会规模能够对盈余管理产生抑制作用，而股权集中度较高却能促使盈余管理的发生，较为分散的股东权力则更有利于抑制盈余管理的发生。这证实了，即使管理者具有基于报酬激励的盈余管理动机，但通过改善公司的治理环境，增加管理者进行盈余管理的成本，也能够降低管理者进行盈余管理的机会。这与第三章的理论分析结果也是一致的。

第四节　进一步检验

根据第四章以及上述实证研究结论可知，我国上市公司管理者的报酬激励机制已经表现出与公司业绩的关联性，达到通过报酬激励机制实现激励效应的基本要求，但是，在目前我国上市公司治理水平并不完善的情况下,逐渐优化的管理者报酬治理机制却导致管理者为获取私利而进行的盈余管理行为。根据本书第三章的理论分析,盈余管理机会的存在能够抑制报酬激励效应的发挥,造成报酬激励机制的失效。这种情况下,我国上市公司对管理者进行报酬激励的初衷是否由于报酬激励引发的盈余管理行为而无法实现呢?接下来本书将对这一问题进行进一步的实证检验,考察管理者报酬激励引发盈余管理行为后对其治理效应的影响。

一 研究假说

管理者报酬激励机制是解决委托—代理问题的重要公司治理机制,是通过将管理者的报酬与公司业绩相关联而达到激励管理者付出努力改善公司业绩的目的。众多的国外学者通过研究管理者报酬激励与公司业绩的关系考察了管理者报酬激励的治理效应(Schellenger et al.,1989;Kedia and Mozumdar,2002;Frye,2004),发现管理者的货币激励和股权激励都能够提升公司价值,但也有些学者得出报酬激励与公司价值无关的结论(Agrawal and Knoeber,1996;Himmelberg et al.,1999)。我国学者魏刚(2000)、李增泉(2000)、张小宁(2002)、宋德舜(2004)、俞鸿琳(2006)、顾斌和周立烨(2007)通过实证研究并没有发现包括股权激励机制在内的报酬激励与公司业绩有明显的关联性,而刘国亮和王加胜(2000)甚至发现管理者的年薪与公司绩效负相关,徐向艺等(2007)则通过研究发现我国上市公司年薪制的激励效应差于非年薪制。而Kato和Long(2005)、王华和黄之骏(2006)、谢茂拾和彭秀平(2008)发现了管理者报酬激励具有正向的治理效应。宋增基和张宗益(2002)研究认为,高管年度现金报酬对公司绩效具有显著的正向作用,而年度现金报酬与国有持股比例也存在正相关关系。刘斌等(2003)也发现,上市公司增加CEO薪酬对提高企业规模和股东财富有一定的促进作用,降低CEO薪酬则会产生负面作用。陈朝龙(2002)、湛新民和刘善敏(2003)的研究结论也认为实行年薪制对经营者提高绩效具有激励作用。

以上这些研究都没有考虑到管理者报酬激励能够引发管理者的

盈余管理动机。管理者报酬激励机制无法达到治理效应，一方面，可能是由于管理者报酬激励机制本身激励不足而达不到治理效果；另一方面，则可能是由于引发盈余管理的动机而造成管理者报酬激励机制的失效。根据第三章的理论模型分析结论，当公司中存在盈余管理的机会时，管理者就可能选择进行盈余管理而非付出努力改善公司业绩，从而使报酬激励机制失效。因此，本章将通过对于会计业绩中盈余管理程度的剔除，进一步检验上市公司管理者报酬的激励效应。根据上述分析，提出如下研究假设：

H7：管理者报酬激励导致的盈余管理行为削弱了报酬的激励效应。

二 模型建立与实证结果

建立检验模型如下：

$$ROA_{it} - DA_{it} = a_0 + a_1 SAL_{it} + a_2 DUAL_{it} + a_3 BOAS_{it} + a_4 IDP_{it} + a_5 LEV_{it} + a_6 \ln SIZE_{it} + a_7 REM_{it} + \sum_{j=1}^{20} \beta_j Industry_{ij} + \sum_{t=1}^{4} \gamma_t Year_{it} + \varepsilon_{it} \quad (5.12)$$

$$ROA_{it} - REM_{it} = a_0 + a_1 SAL_{it} + a_2 DUAL_{it} + a_3 BOAS_{it} + a_4 IDP_{it} + a_5 LEV_{it} + a_6 \ln SIZE_{it} + a_7 DA_{it} + \sum_{j=1}^{20} \beta_j Industry_{ij} + \sum_{t=1}^{4} \gamma_t Year_{it} + \varepsilon_{it} \quad (5.13)$$

模型中的变量定义与前文一致，被解释变量为公司的总资产收益率减去盈余管理程度调整后的公司真实业绩。

模型回归结果如表5-5所示。

表5-5　　　　　　　进一步检验的回归分析结果

自变量	ROA - DA			ROA - REM		
	模型1	模型2	模型3	模型4	模型5	模型6
CONS	-0.219*** (-7.66)	-0.190*** (-7.57)	-0.187*** (-7.45)	-0.365*** (-8.53)	-0.380*** (-10.15)	-0.036*** (-8.23)

续表

自变量	ROA - DA			ROA - REM		
	模型1	模型2	模型3	模型4	模型5	模型6
COMP	0.004**	—	—	-0.013***	—	—
	(2.31)	(—)	(—)	(-2.16)	(—)	(—)
ESP	—	0.058***	—	—	0.085***	
	(—)	(2.76)	(—)	(—)	(2.69)	(—)
SHARES	—	—	0.024***	—	—	0.025***
	(—)	(—)	(3.83)	(—)	(—)	(2.61)
TOP	0.000	0.000	0.000	-0.0002	-0.0002	0.0001
	(0.40)	(0.23)	(0.45)	(-1.46)	(-1.44)	(1.22)
BOAS	0.0000	0.0001	0.0001	-0.0008	-0.00008	0.002
	(0.07)	(0.15)	(0.14)	(-0.68)	(-0.69)	(1.7)
IDP	0.047*	0.045*	0.047*	0.035	0.034*	0.055*
	(1.85)	(1.79)	(1.75)	(1.44)	(1.71)	(1.84)
LEV	-0.001***	-0.001***	-0.001***	-0.007***	-0.007***	-0.006*
	(-2.11)	(-2.12)	(-2.03)	(-2.19)	(-2.08)	(-1.93)
lnSIZE	0.005***	0.007***	0.007***	0.017***	0.016***	0.015***
	(4.57)	(6.38)	(6.19)	(8.51)	(9.02)	(9.76)
ROA	0.160***	0.164***	0.163***	-0.077	-0.083	-0.071
	(12.19)	(12.68)	(12.60)	(-3.81)	(-4.12)	(-3.51)
DA	—	—	—	-0.399***	-0.401***	
	(—)	(—)	(—)	(-18.50)	(-18.53)	
REM	-0.177***	-0.178***	-0.179***	—	—	—
	(-18.38)	(-18.50)	(-18.53)	(—)	(—)	(—)
调整的 R^2	0.1165	0.1170	0.1203	0.0910	0.0924	0.0923

注：表中括号内的数字为 t 值，*、**、*** 分别代表在10%、5%、1%的显著性水平上显著。

根据表 5-5 的回归分析结果，发现 COMP 与 ROA - REM 在 1% 的显著性水平上显著负相关，说明管理者货币薪酬与公司真实的业绩存在负相关关系，货币薪酬激励并未达到其激励效应。然而，管理者股权激励水平与减掉真实盈余管理后的 ROA 表现出了显著的正相关关系，管理者货币薪酬和股权激励水平与减掉应计盈余管理后的 ROA 也表现出了显著的正相关关系。这与前文研究结论一致，股权激励更侧重于长期激励，管理者的利益与股东利益趋于一致，股权激励提升了公司的业绩水平。

三 结果分析与研究结论

根据上述实证研究结果，可以得到以下研究结论：

（一）我国上市公司管理者货币薪酬激励引发的盈余管理行为造成了管理者报酬激励的失效

根据上述研究结论可知，管理者货币薪酬激励能够使管理者产生盈余管理的动机，因此削弱了报酬激励机制引导管理者通过努力来改善公司业绩的治理效应，使管理者在存在盈余管理的机会时更倾向于选择通过盈余管理提升公司业绩。因此，在管理者报酬激励机制能够引发盈余管理动机的情况下，如果公司也存在盈余管理的机会，那么就会引发盈余管理行为而导致管理者报酬激励失效。

（二）公司治理水平的改善能够提升管理者报酬的激励效应

由上述研究结论可以发现，公司治理机制能够抑制管理者报酬激励所导致的盈余管理行为，也能够改善管理者报酬激励机制的治理效应，即使管理者报酬激励机制能够引发盈余管理的动机，但在较好的公司治理环境中，管理者进行盈余管理的成本很高，进行盈余管理的机会减少，管理者就会选择通过付出努力改善公司业绩来提高个人报酬水平，从而实现管理者报酬的激励效应。

第五节 本章小结

本章在第四章实证研究结论的基础上，通过实证研究检验了我国上市公司管理者报酬激励对盈余管理的影响。我国上市公司的两种主要报酬激励方式分别为货币薪酬激励与股权激励。货币薪酬激励作为短期激励更容易引发管理者的机会主义行为，导致盈余管理

第五章　上市公司管理者报酬激励与盈余管理的实证分析

的发生；股权激励作为长期激励更有利于使管理者利益和股东利益趋于一致，抑制盈余管理的产生。在此理论分析的基础上本章提出相关研究假说。

通过实证研究检验研究假说，得到如下研究结论：我国上市公司的管理者货币薪酬激励与真实盈余管理正相关；股权激励与真实盈余管理负相关；较好的公司治理机制有助于抑制盈余管理行为的发生。

在上述实证研究结论的基础上，提出管理者报酬激励所引发的盈余管理行为能够导致管理者报酬激励效应的失效，并通过实证检验得到如下研究结论：我国上市公司管理者货币薪酬激励引发的盈余管理行为造成了管理者报酬激励失效，公司治理水平的改善能够提升管理者报酬的激励效应。

第六章 上市公司盈余管理的经济后果研究

——基于投资的实证分析

企业进行盈余管理无非是想通过影响会计信息达到特定的目的。盈余管理的经济后果也往往表现为由于会计信息的失真而造成相关资源配置的变化。通常认为，盈余管理的经济后果往往表现为三个方面：一是契约目标，即影响那些以会计信息为契约条款的契约制定或执行；二是资本市场目标，即影响企业在资本市场的表现、融资方式选择以及资本市场中投资者的决策等；三是监管目标，即影响政府部门及相关监管部门决策等。从现有的文献来看，大部分学者从盈余管理的动机出发，考察了盈余管理对企业外部投资者决策的影响。部分学者研究了盈余管理对于 IPO 定价的影响（Teoh et al.，1998a），而更多的学者研究了投资者是否能够识别企业的盈余管理行为，以及盈余管理将怎样影响投资者的投资决策（Dechow et al.，1996；Beneish，1997）。在这些研究中，企业外部人（比如投资者）是研究盈余管理经济后果的主要对象，学者们通过检验企业外部人对盈余管理市场的反应考察了盈余管理对于资源配置的影响。企业的内部人（包括企业的经理人、董事、监事等利益相关者）是否会因盈余管理影响企业投资决策呢？企业的管理者、董事等企业决策者，是否会利用盈余管理行为做出次优投资决策呢？目前，关于盈余管理对企业内部投资决策的影响的文献却不多见。实际上，由于盈余管理对会计信息质量的严重损害，低质量的会计信息还会影响企业内部决策者对于企业投资机会的判断，或者通过低质量的会计信息影响对于管理层的评价，从而导致道德风险，产生非效率投资。投资是企业产生和发展的基础，投资决策也是企业最重要的决策之一。如果盈余管理使企业做出低效率的投资决策，那么企业的投资者也将承担低效率投资带来的成本。本书的第五章已经通过实证研究，得到了我国上市公司管理者报酬激励引发盈余管理的经验证据，并且证实了盈余管理影响了管理者报酬的激励效应。本章将在此基础上，从投资的视角出发，研究盈余管理的经济后果，考察企业盈余管理行为对管理者投资决策及投资效率的影响。

第一节 研究假说

会计信息的质量能够影响企业的投资决策。管理者进行投资决策，需要借助会计信息进行投资项目的可行性分析，如果会计信息质量低下，比如企业进行了一定程度的盈余管理，那么这时候的会计信息将导致企业管理层对投资项目做出错误的评价，从而影响管理者的投资决策。另外，会计信息质量低下还会导致管理者的机会主义行为，进行过度的大规模投资就是其机会主义行为的一种表现形式。进行了盈余管理的企业财务报告数据不仅掩饰了企业本期的真实业绩，还掩饰了收入和盈余增长的潜在趋势。如果企业管理者与企业的投资决策制定者并非同一决策主体，管理层出于激励动机或其他动机的盈余管理行为未被董事会发现时，那么董事会就会参考盈余管理调整过的会计信息进行投资决策，这种投资决策就可能导致无效率的投资。更大的可能性是，企业的管理者与董事会都是盈余管理的主体，企业的投资决策制定者是在知晓企业盈余已经调整的基础上制定的。德乔等（1996）的研究说明，寻求低成本的资本是企业进行盈余管理的重要动机之一。这在我国的上市公司中表现得似乎更为突出。诸多学者已经通过实证研究证明上市公司在IPO前有较明显的盈余管理行为。黄裕平（2007）则研究了公司资本成本与投资理性的问题，他通过实证研究证明，我国上市公司的投资决策显著受到资本成本的约束，企业的投资行为对内部现金流、外部的负债融资和股权融资都具有敏感性。在现实中，由于股权融资的偏好、融资资金使用代价较低和扩大企业投资规模内在动力等因素的共同作用（陆正飞，2004；潘敏，2003），上市公司的股权融资规模与其投资水平之间更有可能存在直接的联动关系。郝颖和刘星（2008）的实证研究证实了这一点，即股权融资的规模越大内部人控制下的公司投资行为倾向于更大规模的扩张。因此，当企业通过盈余管理取得较低成本的资本时，也就更倾向于更大规模的投资。另外，如果企业进行盈余管理是为了掩盖其亏损或业绩下滑的事实，那么过度投资和选择高风险的投资项目则是管理者期望扭转亏损或提升业绩的选择。由此，提出如下研究假设：

H8：盈余管理会导致比如实报告财务结果时更大规模的投资。

如果证实企业的过度投资行为是由于盈余管理所引发的，那么当公司的盈余管理行为被发现并纠正后，公司的投资行为就应趋于正常。如果假设 H8 得到证实，那么董事会不知情的盈余管理行为一旦被董事会发现，董事会将会调整投资决策，并根据真实的盈余和盈余增长趋势来进行新的投资决策，盈余管理期间的过度投资行为将不复存在，企业此时的投资应趋于正常水平。而如果盈余管理行为是公司管理层的合谋，那么在企业的盈余管理行为被纠正后，根据真实的会计信息，管理层的投资决策也将趋于正常。由此提出以下研究假设：

H9：进行盈余管理的公司在盈余管理期间之后，投资水平将趋于正常。

第二节　样本选择与数据来源

本书借鉴麦克尼科尔斯和斯塔本（2009）的研究，通过对于财务重述公司的考察来检验盈余管理对企业投资决策的影响。尽管财务重述从表面看是公司会计处理出现失误或错误，但其背后可能是公司经营或管理上存在问题（Callen et al.，2008）。德乔等（1996）发现，公司期望以较低成本进行融资时，财务重述的可能性最大。张为国和王霞（2004）通过实证研究表明，高报盈余的会计差错有着明显的盈余管理动机。Haw 等（2004）也认为，财务重述是一种盈余管理行为。所以，本书将通过考察财务重述期间及财务重述后企业的投资，来考察盈余管理对企业投资决策的影响，并通过检验财务重述期间之后的企业投资情况来检验假设 H9。

为考察盈余管理期间及盈余管理期间之后企业的投资情况，本书查阅了 2002—2008 年发布的财务重述公告，并根据公告的内容收集了重述的会计事项发生的时间以及该事项从发生至被重述的期间，以此确定企业进行盈余管理的期间及其对比期间。在数据收集的过程中，为了保持样本的质量，去除了多次重述的公司样本和缺少数据的公司。财务重述会计事项发生的时间是 1999—2007 年。本章将财务重述事项发生期间的前三年作为盈余管理期间，财务重述事项发生前的三年以及财务重述公布后的三年作为对比期间，考察盈余管理纠正后企业的投资水平是否趋于正常水平。

第三节　变量设置与经验模型

一　企业投资规模变量的测度

有关企业投资水平的测度方法很多，本章采用童盼和陆正飞（2005）、胡国柳（2006）、张琦（2007）等对于投资规模的两个测度指标，分别为 INV1/K 和 INV2/K。

INV1/K =（购建固定资产、无形资产和其他长期资产所支付的现金）/期初总资产

INV2/K =（固定资产、长期投资和在建工程的年度变化值）/期初总资产

两个指标中，用期初总资产作分母是为了消除企业规模对投资的影响。

二 控制变量

(一) 内部现金流量 (CF)

内部现金流量是影响企业投资的重要因素 (Griner and Gordon, 1995)，根据融资约束理论，企业的投资现金流量与内部现金流量之间存在正相关关系。CF 采用经营活动产生的现金流量表示。

(二) 投资机会 (托宾 Q 值)

本章采用托宾 Q 值代表企业的投资机会。由于要考察盈余管理期间及其前后企业投资的变化情况，而企业内部现金流量和投资机会都是影响企业投资的重要因素，因此，这两个变量在该期间的变化情况也将被考察，以说明盈余管理对企业投资的影响。

第四节 实证检验与分析

一 描述性统计

由表 6-1 可见，自 2000 年以后，财务重述公司的数量有了明显的下降，并且财务重述期间的长度也呈现下降趋势。财务重述期间的平均长度约为两年。因此，在考察财务重述期间企业投资行为时，选择三年为期间长度。由于本章收集的是自 2002—2008 年发布的财务重述公告，因此，财务重述事项发生在 2007 年的样本公司较少。

表 6-1　　　　　　　财务重述样本公司描述性统计

财务重述事项年度	公司数量 (个)	平均重述期间长度 (年)
1999	7	3
2000	50	2.24
2001	38	1.97
2002	40	2.33
2003	23	1.78

续表

财务重述事项年度	公司数量（个）	平均重述期间长度（年）
2004	19	2
2005	25	1.88
2006	23	1.78
2007	9	1
总计	235	2.04

二 实证结果

表 6-2 列示了财务重述期间和财务重述发生前后样本公司的平均投资水平，现金流和托宾 Q 值均值的变化情况。由于样本公司的平均重述年限为 2.04 年，因此在财务重述期间的第 3 年，样本公司的多项指标值较其他时间有较大幅度的下降。企业投资规模的数据变化规律分别见图 6-1 至图 6-4。

表 6-2　财务重述样本公司投资规模、现金流量及托宾 Q 值均值

年份	NUM	INV1/K	INV2/K	CF	托宾 Q 值均值
-3	107	0.0392	0.0169	0.0414	1.1329
-2	145	0.0420	0.0301	0.0471	1.0562
-1	206	0.0439	0.0349	0.0489	1.0986
M1	235	0.0485	0.0269	0.0505	1.0880
M2	211	0.0477	0.0121	0.0586	1.0599
M3	46	0.0246	-0.0051	0.0529	1.0054
1	235	0.0468	0.0213	0.0551	1.0150
2	229	0.0465	0.0201	0.0530	0.9705
3	215	0.0432	0.0234	0.0697	0.9687

注：年份栏中，M1（2，3）分别代表财务重述事项发生的第 1（2，3）年；-1（-2，-3）分别代表财务重述事项发生前的第 1（2，3）年；1（2，3）分别代表财务重述公告公布后的第 1（2，3）年。

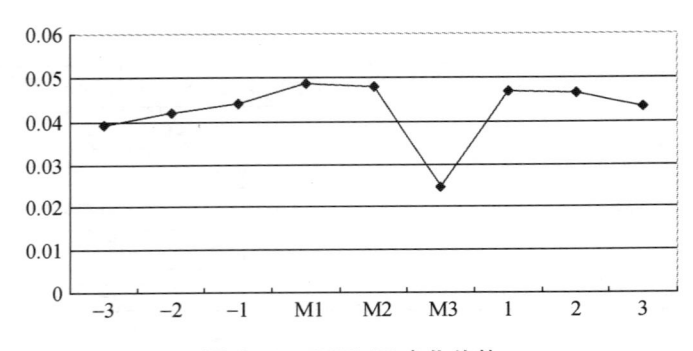

图 6-1　INV1/K 变化趋势

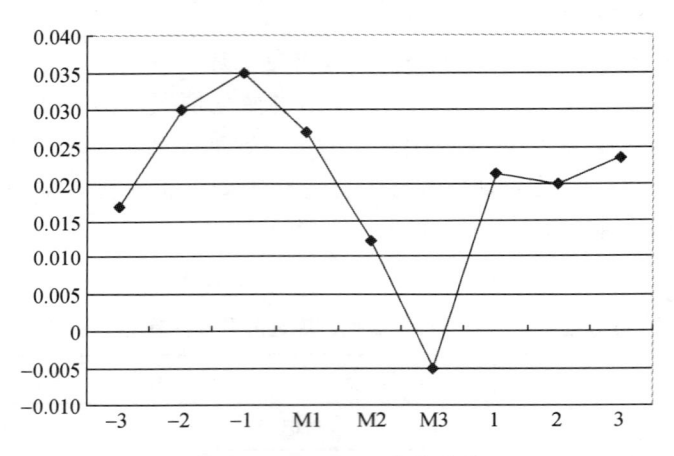

图 6-2　INV2/K 变化趋势

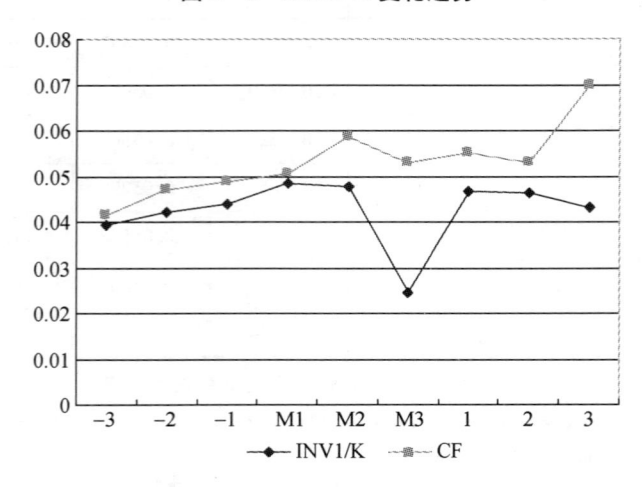

图 6-3　INV1/K 及 CF 变化趋势

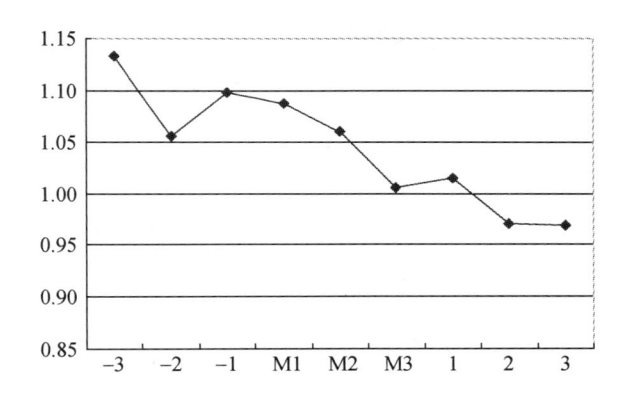

图 6-4　托宾 Q 值均值变化趋势

图 6-1 至图 6-4 分别列示了财务重述期间和财务重述事项发生前后代表企业投资规模、现金流量和投资机会指标的变化趋势。由图 6-1 可见，在企业发生财务重述会计事项的当年，企业投资水平达到最高水平，而在财务重述事项发生后，企业投资规模急剧下降，而在财务重述公告公布后，企业的投资规模逐渐与财务重述事项发生前相一致，趋于正常水平，该结果与假设 H9 和假设 H10 基本一致。而图 6-2 则显示企业的投资在财务重述事项发生的前一年达到较高水平，但在财务重述事项发生后，企业投资水平同样急剧下降，至财务重述公告后，企业投资水平趋于平稳。图 6-3 和图 6-4 显示了企业投资规模与现金流量在重述事项的各时间区间的变化趋势，以及代表企业投资机会的托宾 Q 值均值的变化趋势。由趋势图可以发现，企业的投资规模与现金流量的变化趋势相对吻合，而与企业的投资机会变化趋势差别巨大。这表明，企业的投资规模在财务重述期间的变化并非是由投资机会的变化所致。

三　结果分析与研究结论

根据上述实证研究结果，可以得到以下研究结论。

（一）盈余管理导致了企业投资规模的扩大

根据上述研究结论可知，在财务重述事项发生的当年，企业的投资有较大规模的增长，而在财务重述报告公布后，企业的投资规模趋于正常水平，说明盈余管理能够影响企业的投资决策。

（二）信息的及时披露能够遏制盈余管理导致的过度投资

根据上述研究结论可知，在财务重述事项发生后，企业投资水平同样急剧下降，至财务重述公告后，企业投资水平趋于平稳。这说明，在会计信息得到充分披露并进行相应的纠正后，企业的过度投资行为得到改善，投资水平恢复正常。由此可见，提升公司会计信息披露的透明度，改善公司治理水平能够抑制企业的盈余管理行为，将有助于提高企业的投资决策水平，以及改善企业的投资效率。

第五节　进一步检验

一　研究假说

上述研究已经证实，盈余管理能够导致企业投资规模的变化，在盈余管理期间，企业投资规模有明显的上升，即进行了盈余管理的公司引发了企业更大规模的投资行为。这种投资是不是非效率投资呢？本书从盈余管理影响企业投资决策的两个主要渠道进行分析。

第一是盈余管理引起的会计信息质量下降，可能导致投资决策的非效率。任春艳（2012）认为，导致非效率投资的关键因素是市场摩擦，而市场摩擦主要由信息不对称导致的逆向选择和道德风险引起。盈余管理造成的会计信息质量低下，一方面，有可能直接影响企业的董事会对投资决策的判断，直接造成非效率投资；另一方面，盈余管理行为本身就可能是由于管理者基于报酬的动机引发的，而基于这一动机引发的盈余管理行为造成的会计信息质量低下，极有可能掩盖管理者报酬激励制度的治理功能失效，本书第五章已经通过实证检验证实了报酬激励导致的盈余管理使得报酬的激励效应失效，因此这种盈余管理行为有可能引发管理者更多的机会主义行为和道德风险，其中包括管理者的非效率投资行为。

第二是会计信息的失真还会导致企业融资成本的变化，如果企业进行的盈余管理行为粉饰了或平滑了企业的盈余，从而避免了企业的违约风险，那么盈余管理行为的直接经济后果就是带来更小的融资成本，而融资成本的减少将影响企业的投资决策。较低的融资成本，有可能导致企业更大规模的投资。刘慧龙等（2014）认为，在决策制定权和决策控制权较为集中时，缺乏相应的监管更容易导致管理层的机会主义行为，并且已经找到了决策权与控制权合一时盈余管理导致非效率投资的经验证据。

本书在第五章通过实证研究表明，管理者货币薪酬水平和股权激励水平越高，盈余管理的值越高，高薪酬激励更容易引起正向盈余管理，或者管理者为了确保自己的报酬水平，会减小向下的盈余管理程度。管理者报酬激励引发的盈余管理应为正向或是向上的盈余管理。而本章已经通过实证研究证实盈余管理会导致投资规模的扩大，因此提出如下假设：

H10：向上的盈余管理与向上的非效率投资存在正相关关系。

二　样本选择与数据来源

本章选择 2009—2012 年沪深两市 A 股上市公司为研究对象，数据来源于国泰安和色诺芬数据库。对于初始样本，进行了如下筛选：首先，剔除财务数据和公司治理数据资料不全的公司。其次，剔除无正常营运能力的样本，包括净资产为负和主营业务收入为零的公司。剔除的原因是，这类公司无持续经营能力，会影响对于研究问题的考察。最后，剔除金融类上市公司。由于金融类上市公司的财务数据不同于一般行业上市公司，缺乏可比性，且这类公司面临更多的管制，遂将其剔除。经过筛选，共获得 3640 个观测值。

三　变量设置与经验模型

（一）投资效率的衡量

借鉴理查森（2006）和刘慧龙等（2014）估计投资效率的模型，模型设置如下：

$$INVEST_{it} = a_0 + a_1 GROWTH_{i,t-1} + a_2 LEV_{i,t-1} + a_3 CASH_{i,t-1} + a_4 AGE_{i,t-1} + a_5 \ln SIZE_{i,t-1} + a_6 RETURNS_{i,t-1} +$$

$$a_7 INVEST_{i,t-1} + \sum_{j=1}^{20} \beta_j Industry_{ij} + \sum_{t=1}^{3} \gamma_t Year_{it} + \varepsilon_{it}$$

(6.1)

其中，INVEST 为新增投资率，INVEST =（资本支出 + 并购支出 – 出售长期资产收入 – 折旧）/总资产。资本支出为现金流量表（直接法）中的"购建固定资产、无形资产及其他长期资产的支出"项目；出售长期资产收入为现金流量表中的"处置固定资产、无形资产和其他长期资产收回的现金净额"项目，折旧为现金流量表（间接法）中的"当期折旧费用"；GROWTH 为公司的投资机会，等于上期营业收入的增长率；LEV 为公司的资产负债率，等于总负债除以总资产；CASH 等于现金及现金等价物除以总资产；AGE 为公司的上市年限，等于公司上市年限的自然对数；lnSIZE 为公司规模，等于总资产的自然对数；RETURNS 为公司股票年度回报。采用考虑现金红利再投资的年个股回报率模型（6.1）估计的残差，为衡量公司投资效率的指标（INV），其值越大，效率过度的投资程度越高，投资效率越低。

（二）盈余管理的衡量

采用本书第五章衡量应计盈余管理和真实盈余管理的方法，DA 为应计盈余管理程度，REM 为真实盈余管理程度。

（三）控制变量

两职合一变量 DUAL，如果董事长和总经理两职合一，取值为 1，否则为 0。

最终控制人性质 SOE，如果最终控制人为国有产权，取值为 0，否则为 1。

股权结构变量 TOP，采用第一大股东的持股比例。

董事会规模 BOAS，等于董事会总人数。

独立董事比例 IDP，等于独立董事在董事会总人数中所占比例。

企业业绩变量 ROA，等于企业的总资产收益率。

企业规模变量 lnASS，等于企业总资产的自然对数。

(四) 模型

$$INV_{it} = a_0 + a_1DA_{i,t-1} + a_2DUAL_{it} + a_3SOE_{it} + a_4TOP_{it} +$$
$$a_5BOAS_{it} + a_6IDP_{it} + a_7LEV + a_8ROA + a_9\ln ASS +$$
$$\sum_{j=1}^{20}\beta_j Industry_{ij} + \sum_{t=1}^{3}\gamma_t Year_{it} + \varepsilon_{it} \quad (6.2)$$

$$INV_{it} = a_0 + a_1REM_{i,t-1} + a_2DUAL_{it} + a_3SOE_{it} + a_4TOP_{it} +$$
$$a_5BOAS_{it} + a_6IDP_{it} + a_7LEV + a_8ROA + a_9\ln ASS +$$
$$\sum_{j=1}^{20}\beta_j Industry_{ij} + \sum_{t=1}^{3}\gamma_t Year_{it} + \varepsilon_{it} \quad (6.3)$$

由于要检验向上的盈余管理与向上的非效率投资之间的关系，所以采用盈余管理和非效率投资的原值进行检验。为了检验盈余管理对非效率投资的影响，采用 OLS 方法对数据运行回归分析，对盈余管理及其后一年的非效率投资进行检验。

四 实证检验与结果分析

(一) 描述性统计

表 6 – 3 为变量的描述性统计，对投资效率和盈余管理变量进行了 Winsorize 处理，剔除了极端值。从描述性统计可以发现，非效率投资的平均值约为 0.047（取小数后三位，下同），说明样本公司非效率投资占总资产的比例平均为 4.7%。而应计盈余管理程度占上年总资产的比例平均为 6.5%，真实盈余管理程度占上年总资产的比例平均为 6.1%。DUAL 均值为 0.108，表示 10.8% 的公司董事长和总经理两职合一。从董事会规模和独立董事比例两个变量的均值可知，样本公司平均董事会人数约为 9 人，而独立董事比例为 36.5%，独立董事在董事会总人数中占 1/3。TOP 为 36.4%，说明第一大股东持股比例平均达到 1/3 以上，大部分样本公司仍然属于"一股独大"的情况。资产负债率的均值为 52.4%，从平均水平来看，样本公司的资产负债率较为合理，而资产负债率最高值达 86% 的公司则面临较高的财务风险。总资产收益率的均值为 3.7%，表明样本公司平均净利润能够占到总资产的 3.7%。

表 6-3　　　　　　　　　　描述性统计

变量	平均值	中位数	最大值	最小值	标准差
INV	0.046669	0.003286	0.519738	-0.20048	1.216672
DA	0.065139	0.04798	0.357886	-0.325618	0.260883
REM	0.060923	0.054473	0.993068	-0.851216	0.235063
DUAL	0.107967	0	1	0	0.310381
BOAS	9.286264	9	18	4	1.92521
IDP	0.365579	0.333333	0.714286	0.090909	0.053839
TOP	36.365	34.46	86.35	4.49	15.6813
LEV	0.523965	0.539086	1.469336	0.00708	0.187474
ROA	0.036829	0.031644	0.380862	-0.39209	0.053962
lnASS	22.22075	22.03677	28.40521	18.95075	1.283187

（二）实证结果

模型1和模型2分别检验了应计盈余管理水平和真实盈余管理水平与非效率投资的相关关系。从实证结果可以看出，应计盈余管理水平DA与非效率投资INV在1%的显著性水平上显著正相关，真实盈余管理水平REM与INV在5%的显著性水平上显著正相关，说明向上进行盈余管理的程度越高则向上进行非效率投资的程度越高，盈余管理确实导致了企业的非效率投资，而且这种非效率投资以过度投资为主，这与本章的假设相符合。模型3和模型4分别检验了应计盈余管理DA和真实盈余管理REM与PosINV即过度投资的关系。结果显示，DA与PosINV在10%的显著性水平上正相关，REM与PosINV在5%的显著性水平上正相关，进一步说明了向上的盈余管理能够引发企业的过度投资。模型5和模型6分别检验了应计盈余管理DA和真实盈余管理REM与AbsNegINV的关系，即盈余管理与投资不足的关系。检验结果发现，DA与AbsNegINV在1%的显著性水平上显著负相关，REM与AbsNegINV在10%的显著性水平上负相关，说明向上的盈余管理使得投资不足减轻，进一步说明向上的盈余管理更倾向于导致过度投资而非投资不足，这与本章前文的研究结论是一致的。公司治理变量中，DUAL与INV表现出正相关关系，说明董事长与总经理两职合一的公司更容易产生向上的非效率投资。董事会规模与 INV 在 5% 的显著性水平上也正相关，说明规模较大的董事会也更倾向于向上的非效率投资行为。独立董事比例则与 INV 表现出负相关关系，独立董事在董事会中所占比例越高，公司向上的非效率投资会减少，说明独立董事制度在一定程度上确实约束了公司的非效率投资行为。控制变量与 INV 均表现出了显著的相关关系。

表 6-4　　　　盈余管理与投资效率的回归分析结果

自变量 \ 因变量	INV 模型 1	INV 模型 2	PosINV 模型 3	PosINV 模型 4	AbsNegINV 模型 5	AbsNegINV 模型 6
CONS	0.067** (2.47)	0.807* (1.74)	0.006** (2.29)	-2.06** (-2.19)	0.105** (2.19)	0.036** (2.10)
DA	0.044*** (3.27)	— (—)	0.088* (1.85)	— (—)	-0.049*** (-4.60)	— (—)
REM	— (—)	0.106** (2.11)	— (—)	0.188** (2.46)	— (—)	-0.116* (-1.95)
DUAL	0.004* (1.88)	0.207*** (2.66)	0.006* (1.76)	0.420*** (2.82)	-0.002 (-0.009)	0.0003 (0.01)
BOAS	0.002** (2.23)	-0.008 (-0.58)	-0.000 (-0.04)	-0.017 (-0.65)	-0.0001 (-0.20)	0.0000 (0.10)
IDP	-0.033* (-1.83)	-0.502* (-1.99)	-0.052* (-1.94)	-0.795* (-1.89)	-0.025 (-1.24)	-0.017 (-1.15)
TOP	0.0001 (0.65)	0.0003 (0.21)	0.0002* (1.95)	0.001 (0.31)	0.0000 (0.43)	0.0003 (0.61)
LEV	0.162*** (18.19)	0.160* (1.73)	0.003** (2.29)	0.142* (1.98)	-0.083*** (-11.91)	-0.084*** (-9.00)
ROA	0.24*** (8.24)	0.523** (2.05)	0.070*** (2.74)	0.794*** (2.77)	-0.151*** (-7.36)	-0.204*** (-7.07)
lnASS	-0.007*** (-5.05)	0.042* (1.95)	0.007*** (4.56)	0.108** (2.52)	0.004*** (3.06)	0.003** (2.06)
观测值	3707	2577	2018	1362	1689	1215
调整的 R^2	0.086	0.004	0.020	0.014	0.094	0.073

注：表中括号内的数字为 t 值，*、**、*** 分别代表在 10%、5%、1% 的显著性水平上显著。

(三) 结果分析与研究结论

根据上述实证研究结果，可以得到以下研究结论。

1. 向上的盈余管理导致了向上的非效率投资

根据上述研究结论可知，应计盈余管理水平和真实盈余管理都与非效率投资水平显著正相关，说明向上的盈余管理水平越高，向上的非效率投资水平也越高。由于本书第五章验证了管理者报酬激励水平与向上的盈余管理也存在显著的正相关关系，由此可以推定，管理者报酬激励导致的盈余管理有可能引发企业向上的非效率投资。

2. 向上的盈余管理导致了更大程度的过度投资和更小程度的投资不足

根据上述研究结论可知，应计盈余管理和真实盈余管理与正向的非效率投资即过度投资存在正相关关系；应计盈余管理和真实盈余管理与负向的非效率投资的绝对值，即投资不足存在负相关关系。这说明，向上的盈余管理使得过度投资程度更高，而投资不足程度更深。

第六节 本章小结

本书在第五章通过实证研究，证实了我国上市公司管理者报酬激励能够导致盈余管理行为的发生，那么盈余管理行为对企业有怎样的经济后果呢？本章从投资的视角对这一问题进行了实证检验。由于财务重述也是盈余管理的重要形式之一，所以，本章首先分析了财务重述对企业投资规模的影响，继而通过实证研究检验了应计盈余管理水平和真实盈余管理水平对非效率投资水平的影响。

通过研究企业财务重述与盈余管理的关系，发现在财务重述事项发生的当年企业的投资有较大规模的增长，而在财务重述报告公布后企业的投资规模趋于正常水平，这说明盈余管理能够影响企业的投资决策，同时会计信息在得到充分披露后，企业的过度投资行为得到改善。由此可见，提升公司会计信息披露的透明度将有助于提高企业的投资效率。

通过进一步的实证研究发现，向上的盈余管理水平导致了更高水平的非效率投资，较高水平的盈余管理一方面能够导致投资过度，另一方面也会加重投资不足的程度。本书第五章说明了管理者报酬激励更容易引发高水平的盈余管理，而高水平的盈余管理可能导致更高水平的非效率投资。因此，管理者报酬激励导致的盈余管理是有可能导致企业产生更高水平的非效率投资的。

第七章 政策建议

根据本书的理论分析和实证研究结论可以发现,上市公司的管理者报酬激励不仅导致了盈余管理行为的发生,还因此影响了管理者报酬的激励效应,也有可能导致企业发生非效率投资。这一结论说明,虽然近几年来公司管理者报酬激励机制得到较大的发展,管理者的报酬形式与报酬水平都发生较大的变化,但从管理者报酬激励机制实施的实际效果来看,并未达到股东的预期。解决这一问题,就要从完善我国上市公司管理者报酬激励与约束机制入手。一方面,要通过报酬契约的优化遏制管理者进行盈余管理的动机;另一方面,要对激励进行约束,通过完善公司治理等机制以制约管理者的盈余管理行为。在这两方面中,前者是解决问题的根本,而后者是解决问题的保障。本章将着重探讨如何完善我国上市公司管理者报酬激励机制。

企业本质上是关于企业所有权分配的契约,其核心问题是通过契约安排来实现剩余索取权和控制权的对称分布。管理者报酬契约是解决委托—代理问题的重要财务契约。根据契约理论,报酬契约的设计主要包含两个问题:一是报酬结构的确定;二是报酬水平的确定。根据新制度经济学,影响企业契约实施效果的关键因素并非技术性因素,而是包括企业制度在内的各种制度性因素。因此,提高管理者报酬契约的激励效应,还应从制度建设入手。业绩考评制度和报酬披露制度等是完善报酬激励机制的重要制度安排。以下将着重从报酬结构、报酬水平、业绩考评和报酬披露制度四个方面探讨我国上市公司管理者报酬激励机制的完善,并提出相关政策建议。

第一节　合理确定报酬结构

现代企业管理者的报酬契约一般由固定薪酬和变动薪酬两部分组成。固定薪酬是预先确定的，并在一定时期保持不变，其结构功能为保障管理者的基本生活水平，因其不受公司风险的影响，所以还具有风险保障作用。变动薪酬又可分为奖金、股票期权、福利津贴、在职消费，其中奖金和股票期权是最主要的。奖金一般是根据公司的会计业绩确定，因此其额度与公司的短期绩效相关，能够起到短期激励作用；股票期权则是在一定条件下由管理者获得，其价值由公司的市场价值决定，能够激励管理者追求公司财富的长期增长，具有长期激励作用。合理确定报酬结构，需要兼顾两个原则：一是激励与风险的平衡，二是短期激励与长期激励的平衡。固定薪酬与变动薪酬的比例确定，应重点考虑激励与风险的平衡；而奖金与股票期权比例的确定，则需兼顾短期激励与长期激励的平衡。

一　合理确定固定薪酬与变动薪酬的比例

管理者报酬中的固定薪酬与公司业绩无关，因此，固定薪酬不会引发管理者的盈余管理动机，也不具有激励效应。管理者报酬中固定薪酬比例过高容易导致激励不足。目前我国上市公司的管理者薪酬中固定收入仍然占据较高的份额，这使管理者的报酬水平呈现一定的刚性（王丽华，2009）。本书的实证研究也证实，我国上市公司业绩与管理者的货币薪酬具有相关性，但是货币薪酬的变化却呈现随业绩变化递减的趋势，这说明管理者收入的变动程度小于公司业绩的变动程度，管理者依然未能够取得与其所承受的风险和所付出的努力相匹配的报酬水平，并且管理者报酬的激励效应也未得到有效发挥，上市公司的管理者报酬表现出激励强度不足的特征。

从世界各国薪酬结构的发展趋势来看，管理者总报酬中固定薪酬的比例逐渐降低，而变动收入比重则逐渐上升（雷光勇，2003）。由于发达国家的薪酬模式不尽相同，各国管理者固定薪酬在总报酬中所占的比例有较大差别。以美、日、德为例,根据2007年美国入围标准普尔500指数的上市公司的CEO薪酬调查显示,工资收入仅占CEO收入的9.5%,而日本的这一数据则为70%左右,德国为49%(王连忠,2008)。从目前我国上市公司管理者报酬机制发展的实际情况来看,适当降低目前固定薪酬的比例、增强报酬激励的强度是一种必然趋势。但过犹不及,变动薪酬比例的增加不仅增强了激励的强度,也为管理者的薪酬水平带来更多的风险,更强的盈余管理动机也会因此而产生。因此,坚持激励与风险平衡的原则,适度降低上市公司管理者报酬中的固定薪酬比例是适宜的做法。

二 逐步推广股权激励制度

股权激励是管理者变动薪酬的重要组成部分,并被认为是报酬激励中一种有效的长期激励形式。西方经济学家认为,股权激励能够最大限度地缩小委托人与代理人的利益差距,实现委托—代理双方的激励相容。相比根据公司会计业绩所确定的奖金(即绩效工资),管理者的股票收益是由公司的市场价值决定。由于市场中的投资者能够通过包括公司会计业绩在内的多种信息对公司的价值进行判断,所以股权激励对会计信息的依赖性要显著地弱于主要依靠会计业绩所确定的奖金。虽然国内外学者也得到了股权激励导致盈余管理的经验证据,但其引发盈余管理的动机更为间接,并且从长期来看,盈余管理行为并不能影响公司的真实业绩,因此盈余管理并不能影响公司市场价值的长期表现。从这个角度来看,股权激励所产生的盈余管理动机要弱于奖金计划。

从目前我国上市公司的股权激励情况来看,实施股权激励的公司数量有限,管理者持股比例也相对较低。2006年9月30日,由证监会发布的《国有控股上市公司(境内)实施股权激励试行办法》正式实施,根据万得数据库公布的股权激励一览表,2006—2009年实施股权激励和期权激励以及将其纳入董事会预案的公司有105家,这一数量在国有上市公司中所占比例显然仍处于较低水平。总体来看,管理者的持股数量和持股比例也处于较低水平,与欧美等发达国家仍有较大差距。据统计,2003—2004年,美国等国家

CEO报酬中的股权期权等长期激励计划超过1/2，基本薪金只占1/4—1/3。因此，股权激励机制仍需进一步推广实施，使其逐渐成为管理者报酬激励中重要的组成部分。但是，由于我国国有资产产权的特殊性质以及出于防止国有资产流失的考虑，加之上市公司的治理机制尚不健全，这一过程的推进必须是在严格的监管下有序实施，以防止报酬激励机制演化为管理者攫取私有收益的手段。而且，这一制度的实施也必须与我国资本市场的发展程度相适应，随着我国资本市场的逐渐完善，逐步推进股权激励办法的实施是保证管理者股权激励有效的重要前提。

三 兼顾精神激励等其他激励形式

物质激励之外的精神激励也应作为一种重要的激励形式纳入激励范围。物质方面的激励固然很重要，精神方面的激励也并不是可有可无的，而是不可缺少的。对业绩突出的管理者给予一定的精神激励，如各种荣誉称号、各种奖励证书乃至于媒体方面的采访报道等，可以扩大他们的知名度，一方面能够提高管理者的被认同感和满足感，另一方面在提升管理者社会地位的同时，其在经理人市场中的价值也随之提升。因此，物质激励之外辅之以精神激励，能够弥补物质激励之外管理者的效用需求。此外，我国上市公司管理者的政治激励仍应视不同的企业类型而进行适度安排，因为权力也是管理者薪酬的一个决定因素。

第二节 合理确定报酬水平

上市公司中，国有控股公司的管理者报酬受到较多的政策约束。2009年，有关部委下发了被戏称为"限薪令"的《关于进一步规范中央企业负责人薪酬管理的指导意见》，但要合理确定国有控股公司及其他上市公司管理者的报酬水平，仅靠一纸"限薪令"远远不够，还应从以下几个方面着手：

一 确定管理者的报酬水平应综合考虑诸多因素的影响

既要考虑各种财务考核指标的完成情况，也要考虑各种非财务考核指标的完成情况，还要考虑企业的环境、企业所处本行业的位次、同行业管理者的报酬水平、同地区管理者的报酬水平、企业职工的收入水平、前任经营者的报酬水平等因素的影响和制约。特别应注意垄断性行业与竞争性行业管理者的报酬水平的差异，以及物质资本、智力资本和劳动力资本分配的差异。管理者的报酬水平应是这些因素综合影响的结果。

二 加强管理者报酬水平与经营状况的联系

确定管理者报酬水平的一个基本原则，就是使管理者的报酬水平与企业的经营业绩和发展状况相联系，使所确定的报酬水平能够对管理者起到有效的激励作用。目前，我国上市公司管理者报酬业绩敏感性存在不对称特征（方军雄，2009），即在业绩上升时薪酬的增加幅度显著高于业绩下降时薪酬的减少幅度，这解释了为何某些亏损公司管理者的报酬水平依然较高。因此，管理者报酬水平不仅应随着业绩水平的增长而增长，还应随着业绩水平的下降而下降，从而达到更好的激励效应。

三 薪酬差距的确定应综合考虑企业性质等相关因素

按照公平理论，管理者报酬水平的高低是相对的，是相对于本国、本地区其他管理者的报酬水平以及本企业一般职工的收入水平和不同时期的社会平均收入水平而言的。报酬激励作用的大小，主要取决于报酬相对数的高低，而不是绝对数的多少。这就是为什么不同国家和地区之间管理者的报酬水平相去甚远，但无法据此说明管理者积极性有较大差异的原因。国有企业管理者与员工的薪酬差距受到政府限制，但更多的国有企业管理者薪酬已突破薪酬差距的限制。根据国务院发展研究中心2004年的报告，企业管理者报酬与员工差距在明显拉大。在国有控股公司中，员工对薪酬差距的认识更为传统（刘宁、张正堂，2007）。因此，在确定上市公司管理者报酬差距时，不仅应考虑激励因素，还应考虑企业性质、工作合作性、薪酬沟通等其他变量，兼顾效益与公平原则。

四 确定管理者的报酬水平要建立在科学的业绩考评的基础上

如果缺乏科学的业绩考评制度，再高的报酬水平也难以对管理者起到有效的激励作用。国有控股公司管理者报酬的确定应进一步放松政府管制，使之建立在科学的业绩考评的基础上，使其与企业经营管理的风险、难度和业绩相联系。

第三节　完善业绩考评制度

管理者报酬激励制度的有效性在很大程度上取决于管理者业绩考评的科学性。如果没有科学的业绩考评制度，设计再好的报酬激励制度也是难以奏效的。如果业绩考评指标过于依赖会计业绩，就会引发管理者的盈余管理动机。业绩考评系统的有效性需满足四个原则（黄群慧，2002）：一是评价目标导向明确，评价指标相互协调；二是参与评价的各方都有积极性参与推进评价过程；三是评价成本足够低；四是资本市场机制有效，能提供客观的显示业绩的指标。根据这些原则，完善管理者的业绩考评就必须解决好如下几个方面的问题。

一　考评的内容

（一）公司绩效

对公司绩效的评价应从财务和非财务两个方面来展开。

从财务方面对公司绩效进行评价的指标主要包括公司偿债能力、公司盈利能力、公司运营能力以及公司发展能力方面的指标。通过会计盈余对公司的财务指标进行评价的过程中，应区分非经常性损益与经常性损益两部分。其中，经常性损益为公司日常经营活动带来的损益，具有持续性和稳定性；非经常性损益是由公司一些非日常经营行为带来的损益，具有一次性和偶发性（孟焰和张莉，2003）。经常性损益与非经常性损益在反映会计盈余的持续性上具有不同的特性，在管理者薪酬考评中，应对二者加以区分，对经常性损益赋予更高的权重。经常性损益还可继续分解为应计项目与经营性现金流两项。其中，经营性现金流是具有持续稳定性的项目，不容易被管理者操纵，也不易被管理者影响，代表更高质量的盈余，而应计项目则是最容易被盈余管理影响的项目。因此，在对经常性损益的考评中，应赋予经营性现金流更高的权重。在财务绩效的考评中，应使用经外部审计过的财务数据。

从非财务方面对公司绩效进行评价的指标是保证考评指标协调的主要途径，这些指标主要包括：（1）反映公司客户方面的业绩指标，如市场份额、客户保持率、客户取得率、客户满意程度、客户盈利率等；（2）反映公司内部经营过程的业绩指标，如公司创新能力、公司生产经营业绩、公司售后服务业绩等方面的指标；（3）反映公司学习与成长能力的指标，如员工能力、公司信息能力、公司激励、授权与协作等方面的指标。

（二）管理者个人表现

对管理者个人表现的评价应考虑如下八个方面的因素：（1）诚实正直；（2）视野；（3）领导；（4）实现公司业绩目标的能力；（5）管理者的继任规划；（6）与股东的关系；（7）与利益相关者的关系；（8）与董事会、监事会的关系。其中：第一个因素是管理者的个人品质；第2—4个因素是管理者的经营及领导能力；第5—8个因素是管理者的协调能力。

公司经营业绩与管理者个人表现之间的关系是：管理者个人表现好，公司经营业绩不一定好；管理者个人表现得不怎么样，公司经营业绩也有可能好。这是因为影响公司经营业绩的因素有可控因素和不可控因素之分，管理者只能干预可控因素，而无法干预不可控因素。因此，确定管理者个人收入时应将公司经营业绩与管理者个人表现相联系。

二　考评的方法

如上所述，对管理者业绩进行评价的内容包括公司经营业绩水平和管理者个人表现，而且两者之间存在着较为复杂的关系。因此，对管理者业绩进行评价的方法应该是能够综合反映公司经营业绩水平和管理者个人表现的方法。但考评也应兼顾成本收益原则，保证考评成本足够低。

此外，对管理者业绩的考评，除了要解决上述考评的内容和方法，还要解决两个问题：一是建立考评机构。按照利益相关者理论，结合上市公司治理结构的特点，对管理者业绩进行考评的机构应由股东、职工和银行等利益相关者组成，还可以聘请专家参与。二是完善考评纪律。如秉公办事，实事求是；不能讲情面，不搞照顾；实行回避制度。

总之，一个完整的管理者业绩考评机制是由考评指标体系、考评方法、考评机构和考评纪律等内容构成的。

第四节 完善报酬披露制度

虽然我国的相关法规已经对管理者报酬的制定与披露进行了一定程度上的规范，但是仍显不够完善。首先，在管理者报酬的制定程序上，缺乏对制定程序独立性与公正性的规范，有些公司并没有设立薪酬委员会，而且缺乏对于公司剩余收益合理分配的机制，有些公司管理者报酬丰厚而股东却长期得不到公司的分红。其次，上市公司中存在管理者报酬信息披露不透明、不充分等情况。在相关的法律法规中，仍然缺乏有关高管报酬信息披露的严格规定，如《证券法》只是要求上市公司在其年报中对高管的持股情况进行披露，《企业会计准则》也只是对管理者报酬形式、总额进行强调。只有证监会在年报披露格式中对报酬的确定、确定依据以及实际支付情况有所要求。这些都使上市公司高级管理者的报酬披露显得法律法规支撑不足（段春明，2009）。因此，为了使上市公司管理者报酬制定程序更规范、更公正，应做到以下几点：

一是机制健全。管理者报酬的制定涉及股东大会、董事会、经理层、薪酬委员会、审计委员会等相关部门与机构，要在公司章程中明确规定这些部门和机构的权力与责任。在相关的公司治理准则制定上，也应秉持公正原则与公司价值最大化原则，尽可能做到各方利益均衡。

二是程序独立。程序独立要求在管理者报酬制定过程中不存在自我交易，报酬制定的程序不受利害关系人目标的影响，并且，报酬的制定必须经由无利害关系人的肯定。

三是公开披露信息。公开披露公司中主要高级管理者的人力资源信息，有助于投资者了解公司中财务资本与人力资本的情况，了解其在公司价值创造中的作用。披露管理者的报酬信息，关键还在于披露公司剩余权益的分配以及公司对于管理者的激励模式和激励程度（仇健，2005）。目前世界各国对于管理者报酬信息披露的内容主要包括报酬的制定程序、报酬的制定标准、报酬的形式与金额、为高管提供的其他服务以及相关利益者的状况等。

第五节 本章小结

本章在前文研究结论的基础上，提出完善我国上市公司管理者报酬激励机制的政策建议。提出应从报酬结构、报酬水平、业绩考评制度以及报酬披露制度方面入手完善我国上市公司的报酬激励机制。

第八章 总结与研究展望

第一节 总结

在两权分离的条件下，管理者报酬激励制度既是一种重要的公司治理机制，也是产生盈余管理动机的一种原因。因此，管理者报酬激励与盈余管理问题既是公司治理研究中的一个重要课题，也是经济管理中的一个棘手问题。但在我国学者早期研究盈余管理的文献中，报酬激励并未被认为是盈余管理的动机，这与我国报酬激励机制的发展阶段有关。在我国上市公司现代企业制度改革的过程中，管理者报酬激励机制也发生了重大变革，管理者的报酬水平和报酬激励的形式都向前推进了一大步，此时研究我国上市公司管理者报酬激励与盈余管理的关系就具有重要的理论意义和现实意义。

本书在系统综述国内外相关研究成果的基础上，借鉴国际经验，结合我国上市公司的制度背景，综合运用委托—代理理论、机制设计理论、现代契约理论、产权理论等经济理论，采用契约分析法、规范分析法、实证分析法等研究方法，沿着"理论研究—实证研究—对策研究"的研究路线，对选题从管理者报酬与盈余管理的理论分析、上市公司管理者报酬与公司业绩的实证研究、上市公司管理者报酬激励与盈余管理的实证研究、上市公司盈余管理的经济后果研究以及完善我国上市公司管理者报酬激励制度的制度安排等方面展开了全面而深入的研究，得出了一些具有一定理论价值和实践价值的观点和结论。

第一，建立了研究管理者报酬激励与盈余管理关系的理论模型。该模型在假设管理报酬激励与公司业绩相关从而管理者具有盈余管理动机的情况下，通过对管理者报酬激励与盈余管理关系的研究，得出如下三个结论：一是推导出盈余管理发生的充分必要条件，即管理者努力提高公司业绩的成本与管理者进行盈余管理的成本之间的权衡。二是这两种成本的高低取决于公司内外治理机制的完善程度。其中，产品市场的竞争程度增加了管理者的努力成本，可能导致短期内盈余管理行为的产生；董事会治理和外部监管越有效，管理者进行盈余管理的成本就越大，盈余管理行为就越不容易发生。三是盈余管理机会的存在在一定程度上抑制了管理者报酬的激励效应。管理者能够进行盈余管理的机会越多，管理者就越不愿意通过努力工作改善公司的业绩，而是选择通过进行盈余管理提高个人报酬水平，造成激励失效。

第二，证明了我国上市公司管理者报酬激励与公司业绩具有相关性，管理者可能存在基于报酬激励的盈余管理动机。本书通过实证研究，证明了上市公司的会计业绩与货币薪酬激励具有显著的正相关关系，管理者可能会产生基于报酬激励的盈余管理动机；股权收益受到股票市场较大的影响，并未与业绩表现出相关关系，其激励作用尚待进一步检验；货币报酬激励程度较强，报酬变化与公司业绩的变化表现出正相关关系。

第三，得到了我国上市公司管理者报酬激励机制引发盈余管理行为的经验证据。管理者报酬激励影响盈余管理的实证研究结果表明，上市公司的管理者货币薪酬激励引发了盈余管理行为，而股权激励抑制了盈余管理的程度，较好的公司治理机制有助于抑制盈余管理行为的发生。

第四，证实了管理者的盈余管理行为削弱了报酬的激励效应。本书将管理者报酬激励效应与盈余管理相结合，在实证分析管理者报酬水平与盈余管理相关性的基础上，将盈余管理从公司业绩中剔除，检验管理者报酬激励水平与剔除盈余管理之后的公司业绩之间的关系，结果表明两者呈负相关，说明管理者报酬没有起到应有的激励作用。

第五，证实了盈余管理能够影响企业投资行为的经济后果。本书利用财务重述公司的数据研究了盈余管理与投资规模的关系，发现了盈余管理能够导致更大规模投资的经验证据，而进一步的实证研究也证实，向上的盈余管理水平能够导致更高的非效率投资，说明盈余管理具有影响企业投资决策的经济后果。

第六，提出了完善我国上市公司管理者报酬激励机制的建议。在前文研究结论的基础上，提出应从报酬结构、报酬水平，业绩考评制度以及报酬披露制度方面入手完善上市公司的报酬激励机制。

第二节　研究展望

虽然研究管理者报酬激励与盈余管理之间关系的文献比较多，但从检验盈余管理的动机入手，再研究二者关系，并将管理者报酬的激励效应与盈余管理相结合进行研究的文献并不多。本书对这一问题进行了尝试性研究，但许多问题还有待今后进一步深入研究。

第一，进一步研究在外部治理环境和内部治理结构相同的情况下，报酬与业绩关联程度是否存在引发盈余管理行为的阈值，并在此基础上进一步优化上市公司管理者的报酬水平和激励形式。

第二，在更长的时间段内分析股权激励对于上市公司盈余管理和公司业绩的影响。由于股权激励是一种长期激励机制，因此这种激励形式对于盈余管理的影响及其激励效应要在长期内进行观察和检验，可以通过检验盈余管理行为的发生与管理者权益兑现的关联来考察这一问题。

第三，国有控股公司和民营公司之间管理者报酬激励导致的盈余管理行为是否一致，到底哪种类型的公司在管理者报酬激励机制下，更容易导致盈余管理行为的发生，通过比较这两类公司的外部治理环境和内部治理结构，为改善报酬激励的效果提供证据。

第四，多视角研究管理者报酬激励引发盈余管理的经济后果。管理者报酬激励导致的盈余管理行为导致报酬激励机制的失效，但是盈余管理所产生的经济后果远不止对企业投资的影响，盈余管理对企业的其他经济行为的影响仍需进一步的研究。

参考文献

Anup Agrawal and Sahiba Chadha, "Corporate Governance and Accounting Scandals", *The Journal of Law and Economics*, Vol. 48, No. 2, 2005, pp. 371 – 406.

Ahmed Ebrahim, "Earnings Management and Board Activity: An Additional Evidence", *Review of Accounting and Finance*, Vol. 6, No. 1, 2007, pp. 42 – 58.

Alexander Dyck and Luigi Zingales, "Private Benefit of Corporate Control: an International Comparison", *Journal of Finance*, Vol. 59, No. 2, 2004, pp. 537 – 600.

Amy Patricia Sweeney, "Debt – Covenant Violations and Managers' Accounting Response", *Journal of Accounting and Economics*, Vol. 17, No. 3, 1994, pp. 379 – 402.

Andrei Shleifer and Robert Vishny, "A Survey of Corporate Governance", *Journal of Finance*, Vol. 52, No. 2, 1997, pp. 737 – 783.

Anil Arya, Jonathan Glover and Shyam Sunder, "Earnings Management and The Revelation Principle", *Review of Accounting Studies*, Vol. 3, No. 1, 1998, pp. 7 – 34.

Anne T. Coughlan and Ronald M. Schmidt, "Executive Compensation, Management Turnover, and Firm Performance: An Empirical Investigation", *Journal of Accounting and Economics*, Vol. 7, No. 1, 1985, pp. 43 – 66.

Anup Agrawal and Charles R. Knoeber, "Firm Performance and Mechanisms to Control Agency Problems between Managers and Shareholders", *Journal of Financial and Quantitative Analysis*, Vol. 31, No. 3, 1996, pp. 377 – 397.

April Klein, "Audit Committee, Board of Director Characteristics, and Earnings Management", *Journal of Accounting and Economics*, Vol. 33, No. 3, 2002, pp. 375 – 400.

B. L. Jaggi, "The Impact of the Cultural Environment on Financial Disclosure", *International Journal of Accounting*, Vol. 10, No. 1, 1975, pp. 75 – 84.

B. Mark, Paul M. and Robert Alan, "The Association between Corporate Governance and Earnings Management: The Role of Independent Directors", *Corporate Ownership and Control*, Vol. 3, No. 4, 2006, pp. 65 – 77.

Barry J. Nalebuff and Joseph E. Stiglitz, "Prizes and Incentives: Towards a General Theory of Compensation and Competition", *The Bell Journal of Economics*, Vol. 14, No. 1, 1983, pp. 21 – 43.

Bengt Holmstrom and Paul Milgrom, "Aggregation and Linearity in the Provision of Intertemporal Incentives", *Journal of the Econometrica*, Vol. 55, No. 2, 1987, pp. 303 – 328.

Benjamin E. Hermalin and Michael S. Weisbach, "The Effects of Board Composition and Direct Incentives on Firm Performance", *Financial Management*, Vol. 20, No. 4, 1991, pp. 101 – 112.

M. Bennedsen, M. Fosgerau and K. M. Nielsen, "The Strategic Choice of Control Allocation and Ownership Distribution in Closely Held Corporations", Working Paper, 2003.

Bo Sun, "Executive Compensation and Earnings Management under Moral Hazard", *Journal of Economic Dynamics and Control*, Vol. 41, No. 4, 2014, pp. 276 – 290.

Brian J. Hall and Jeffrey B. Leibman, "Are CEOs Really Paid Like Bureaucrats?", *Quarterly Journal of Economics*, Vol. 113, No. 3, 1998, pp. 653 – 691.

Charles P. Himmelberg, R. Glenn Hubbard and Darius Palia, "Understanding the Determinants of Managerial Ownership and the Link between Ownership and Performance", *Journal of Financial Economics*, Vol. 53, No. 3, 1999, pp. 353 – 384.

Chris E. Hogan and Craig M. Lewis, "The Long – run Performance of Firms Adopting Compensation Plans Based on Economic Profits", Working Paper, 1999.

Christian Laux and Volker Laux, "Board Committees, CEO Compensation, and Earnings Management", *Accounting Review*, Vol. 84, No. 3, 2009, pp. 869 – 891.

Christian Leuz, Dhananjay Nanda and Peter D. Wysocki, "Earnings Management and Investor Protection: An International Comparison", *Journal of Financial Economics*, Vol. 69, No. 3, 2003, pp. 505 – 527.

Christopher D. Ittner, David F. Larcker and Madhav V. Rajan, "The Choice of Performance Measures in Annual Bonus Contracts", *Accounting Review*, Vol. 72, No. 2, 1997, pp. 231 – 255.

Chuang – Hua Shen and Hsiang – Lin Chih, "Investor Protection, Prospect Theory, and Earnings Management: An International Comparison of the Banking Industry", *Journal of Banking and Finance*, Vol. 29, No. 10, 2005, pp. 2675 – 2697.

Cindy Durtschi and Peter Easton., "Earnings Management? The Shapes of the Frequency Distributions of Earnings Metrics are not Evidence Ipso Facto", *Journal of Accounting Research*, Vol. 43, No. 4, 2005, pp. 557 – 592.

Daniel A. Cohen, Aiyesha Dey and Thomas Z. Lys, "Real and Accrual – based Earnings Manipulations in the Pre – and post – Sarbanes – Oxley Periods", *The Accounting Review*, Vol. 83, No. 3, 2008, pp. 757 – 787.

Daniel Bergstresser and Thomas Philippon, "CEO Incentives and Earnings Management", *Journal of Financial Economics*, Vol. 80,

No. 3, 2006, pp. 511 – 529.

Daniel Bergstresser, Mihir Desai and Joshua Rauh, "Earnigns Manipulation, Pension Assumptions, and Managerial Investment Decisions", *Journal of Economics*, Vol. 121, No. 1, 2006, pp. 157 – 195.

Daniel W. Collins and Linda DeAngelo, "Accounting Information and Corporate Governance: Market and Analyst Reactions to Earnings of Firms Engaged in Proxy Contests", *Journal of Accounting and Economics*, Vol. 13, No. 3, 1990, pp. 213 – 247.

David B. Farber, "Restoring Trust after Fraud: Does Corporate Governance Matter?", *The Accounting Review*, Vol. 80, No. 2, 2005, pp. 539 – 561.

David Burgstahler and Ilia Dichev, "Earnings Management to Avoid Earnings Decreases and Losses", *Journal of Accounting and Economics*, Vol. 24, No. 1, 1997, pp. 99 – 126.

David Burgstahler and Michael Eames, "Management of Earnings and Analysts' Forecasts to Achieve Zero and Small Positive Earnings Surprises", *Journal of Business and Finance*, Vol. 33, No. 6, 2006, pp. 633 – 652.

David C. Burgstahler, Luzi Hail and Christian Leuz, "The Importance of Reporting Incentives: Earnings Management in European Private and Public Firms", *The Accounting Review*, Vol. 81, No. 5, 2006, pp. 983 – 1016.

David F. Larcker, Scott A. Richardson and Irem Tuna, "Corporate Governance, Accounting Outcomes, and Organizational Performance", *The Accounting Review*, Vol. 82, No. 4, 2007, pp. 963 – 1008.

David J. Denis, Paul Hanouna and Atulya Sarin, "Is There a Dark Side to Incentive Compensation?", *Journal of Corporate Finance*, Vol. 12, No. 3, 2006, pp. 467 – 488.

David Yermack, "Good Timing: CEO Stock Option Awards and Company News Announcements", *Journal of Finance*, Vol. 52, No. 2,

1997, pp. 449 – 476.

David Yermack, "Higher Market Valuation of Companies with a Small Board of Directors", *Journal of Financial Economics*, Vol. 40, No. 2, 1996, pp. 185 – 211.

W. N. Davidson, Xie Biao, Weihong Xu and Yixi Ning, "The Influence of Executives Age, Career Horizon and Incentives on Pre – turnover Earnings Management", *Journal of Manage Governance*, No. 11, 2007, pp. 45 – 60.

Derek C. Jones, Panu Kalmi and Mikko Makinen, "The Determinants of Stock Option Compensation: Evidence from Finland", *Industrial Relations: A Journal of Economy and Society*, Vol. 46, No. 3, 2006, pp. 437 – 468.

Diane K. Denis and John J. McConell, "International Corporate Governance", *Journal of Financial and Quantitative Analysis*, Vol. 38, No. 1, 2003, pp. 1 – 36.

Eitan Goldman and Steve L. Slezak, "An Equilibrium Model of Incentive Contracts in the Presence of Information Manipulation", *Journal of Financial Economics*, Vol. 80, No. 3, 2006, pp. 603 – 626.

Eli Bartov, Ferdinand A. Gul and Judy S. L. Tsui, "Discretionary – Accruals Models and Audit Qualifications", *Journal of Accounting and Economics*, Vol. 30, No. 3, 2000, pp. 421 – 452.

Eugene F. Fama and Michael C. Jensen, "Separation of Ownership and Control", *Journal of Law and Economics*, Vol. 26, No. 2, 1983, pp. 301 – 325.

Flora Guidry, Andrew J. Leone and Steve Rock, "Earnings – Based Bonus Plan and Earnings Management by Business Unit Managers", *Journal of Accounting and Economics*, Vol. 26, No. 3, 1999, pp. 113 – 142.

George P. Baker, Michael C. Jensen and Kevin J. Murphy, "Compensation and Incentives: Practice vs Theory", *Journal of Finance*,

Vol. 43, No. 3, 1988, pp. 593 – 616.

Hamid Mehran, "Executive Compensation Structure, Ownership and Firm Performance", *Journal of Financial Economics*, Vol. 38, No. 2, 1995, pp. 163 – 184.

Hollis Ashbaugh – Skaife, Daniel W. Collins and William R. Kinney Jr., "The Discovery and Reporting of Internal Control Deficiencies Prior to SOX – Mandated Audits", *Journal of Accounting and Economics*, Vol. 44, No. 2, 2007, pp. 166 – 192.

Hong Xie, "The Mispricing of Abnormal Accruals", *Accounting Review*, Vol. 76, No. 3, 2001, pp. 357 – 373.

Hsiang – Lin Chih, Chung – Hua Shen and Feng – Ching Kang, "Corpoarate Social Responsibility, Investor Protection, and Earnings Management: Some International Evidence", *Journal of Business Ethics*, Vol. 79, No. 1, 2008, pp. 179 – 198.

Huimin Cui and Y. T. Mak, "The Relationship between Managerial Ownership and Firm Performance in High R&D Firms", *Journal of Corporate Finance*, Vol. 8, No. 4, 2002, pp. 313 – 336.

Idalene F. Kesner, Bart Victor and Bruce T. Lamont, "Research Notes: Board Composition and the Commission of Illegal Acts: An Investigation of Fortune 500 Companies", *The Academy of Management Journal*, Vol. 29, No. 4, 1986, pp. 789 – 799.

J. Kenneth Reynolds and Jere R. Francis, "Does Size Matter? The Influence of Large Clients on Office – Level Auditor Reporting Decisions", *Journal of Accounting and Economics*, Vol. 30, No. 3, 2000, pp. 375 – 400.

J. Madura, A. D. Martin and K. A. Jessel, "Determinants of CEO Compensation in Small Publicly – Traded Businesses", *American Business Review*, No. 14, 1996, pp. 80 – 89.

J. G. Haubrich, "Risk Aversion, Performance Pay, and the Principal – Agent Problem", *Journal of Political Economy*, Vol. 102, No. 2,

1994, pp. 258 – 276.

James C. Sesil and Yu Peng Lin, "Executive and Broad – Based Stock Options: Evidence from U. S. Panel Data", Rutgers University, Working Paper, 2005.

Jap Efendi, Anup Srivastava and Edward P. Swanson, "Why Do Corporate Managers Misstate Financial Statement? The Role of Option Compensation and Other Factors", *Journal of Financial Economics*, Vol. 85, No. 3, 2007, pp. 667 – 708.

Jeffery Abarbanell and Reuven Lehavy, "Biased Forecasts or Biased Earnings? The Role of Reported Earnings in Explaining Apparent Bias and Over/under Reaction in Analysts' Earnings Forecasts", *Journal of Accounting and Economics*, Vol. 36, No. 3, 2003, pp. 105 – 146.

Jennifer J. Gaver, Kenneth M. Gaver and Jeffrey R. Austin, "Additional Evidence on Bonus Plans and Income Management", *Journal of Accounting and Economics*, Vol. 19, No. 1, 1995, pp. 3 – 28.

Jennifer J. Jones, "Earnings Management during Import Relief Investigations", *Journal of Accounting Research*, Vol. 29, No. 2, 1991, pp. 193 – 228.

John E. Core, Robert W. Holthausen and David F. Larcker, "Corporate Governance, Chief Executive Officer Compension, and Firm Performance", *Journal of Financial Economics*, Vol. 51, No. 3, 1999, pp. 371 – 406.

John Phillips, Morton Pincus and Sonja Olhoft Rego, "Earnings Management: New Evidence Based on Deferred Tax Expense", *The Accounting Review*, Vol. 78, No. 2, 2003, pp. 491 – 521.

Joseph Aharony, Chi – Wen Jevons Lee and T. J. Wong, "Financial Packaging of IPO Firms in China", *Journal of Accounting Research*, Vol. 38, No. 1, 2000, pp. 103 – 126.

Joseph P. H. Fan and T. J. Wong, "Corporate Ownership Structure and the Informativeness of Accounting Earnings in East Asia", *Journal of*

Accounting and Economics, Vol. 33, No. 3, 2002, pp. 401 – 425.

Julie H. Collins, Douglas A. Shackelford and James M. Wahlen, "Bank Differences in the Coordination of Regulatory Capital, Earnings and Taxes", *Journal of Accounting Research*, Vol. 33, No. 2, 1995, pp. 263 – 291.

K. A. Gunny, "The Relation between Earnings Management Using Real Activities Manipulation and Future Performance: Evidence from Meeting Earnings Benchmarks", *Contemporary Accounting Research*, 2010, p. 27.

K. V. Peasnell, P. F. Pope and S. Young, "Board Monitoring and Earnings Management: Do Outside Directors Influence Abnormal Accruals?", *Journal of Business Finance and Accounting*, Vol. 32, No. 7, 2005, pp. 1311 – 1346.

Katherine Schipper, "Commentary on Earnings Management", *Accounting Horizons*, Vol. 3, No. 4, 1989, pp. 91 – 102.

S. Kedia and A. Mozumdar, *Performance Impact of Employee Stock Options*, Harvard Business School, Working Paper, 2002.

Kevin C. W. Chen and Hongqi Yuan, "Earnings Management and Capital Resource Allocation: Evidence from China's Accounting – Based Regulation of Rights Issues", *Accounting Review*, Vol. 79, No. 3, 2004, pp. 645 – 665.

Kevin J. Murphy, "Corporate Performance and Managerial Remuneration: An Empirical Analysis", *Journal of Accounting and Economics*, Vol. 7, No. 1, 1998, pp. 11 – 42.

Kimberly Galligan Key, "Political Cost Incentives for Earnings Management in the Cable Television Industry", *Journal of Accounting and Economics*, Vol. 23, No. 3, 1997, pp. 309 – 337.

Lawrence J. Abbott, Susan Parker and Gary F. Peters, "Audit Committee Characteristics and Restatements Auditing", *A Journal of Practice and Theory*, Vol. 23, No. 1, 2004, pp. 69 – 87.

A. Levitt, "The Importance of High Quality Accounting Standards", *Accounting Horizons*, Vol. 12, No. 1, 1998, pp. 79 – 82.

Lex Donaldson and James H. Davis, "Board and Company Performance Research Challenges Conventional Wisdom", *Corporate Governance*, Vol. 2, No. 3, 1994, pp. 151 – 160.

Linda Elizabeth DeAngelo, "Auditor Size and Audit Quality", *Journal of Accounting and Economics*, Vol. 3, No. 3, 1981, pp. 183 – 199.

Linda Elizabeth DeAngelo, "Managerial Competition, Information Costs, and Corporate Governance: The Use of Accounting Performance Measures in Proxy Contests", *Journal of Accounting and Economics*, Vol. 10, No. 1, 1988, pp. 3 – 36.

Liping Xu, "Types of Large Shareholders, Corporate Governance, and Firm Performance: Evidence from China's Listed Companies", The Hong Kong Polytechnic University, Working Paper, 2004.

Lucian Arye Bebchuk and Jesse M. Fried, "Executive Compensation as an Agency Problem", *Journal of Economic Perspective*, Vol. 17, No. 3, 2003, pp. 71 – 92.

Mara Faccio and Meziane Lasfer, "Managerial Ownership, Board Structure and Firm Value: The UK Evidence", Working Paper, 1999.

Marcia Millon Cornett, Alan J. Marcus and Hassan Tehranian, "Corporate Governance and Pay – for – Performance: The Impact of Earnings Management", *Journal of Financial Economics*, Vol. 87, No. 2, 2008, pp. 357 – 373.

Marcia Millon Cornett, Jamie John McNutt and Hassan Tehranian, "Corporate Governance and Earnings Management at Large U. S. Bank Holding Companies", *Journal of Corporate Finance*, Vol. 15, No. 4, 2009, pp. 412 – 430.

Mark Hirschey and James L. Pappas, "Regulatory and Life Cycle Influences on Managerial Incentives", *Southern Economic Journal*, Vol. 48, No. 2, 1981, pp. 327 – 334.

Mark L. Defond and James Jiambalvo, "Debt Covenant Violation and Manipulation of Accruals", *Journal of Accounting and Economics*, January, Vol. 17, No. 2, 1994, pp. 145 – 176.

Mark R. Huson, Paul H. Malatesta and Robert Parrino, "Managerial Succession and Firm Performance", *Journal of Finance Economics*, Vol. 74, No. 2, 2004, pp. 237 – 275.

Mark W. Nelson, John A. Elliott and Robin L. Tarpley, "How are Earnings Managed? Examples from Auditors", Working Paper, 2002.

Martin Lipton and Jay W. Lorsch, "A Modest Proposal for Improved Corporate Governance", *Business Lawyer*, Vol. 48, No. 1, 1992, pp. 59 – 77.

Mary Lea McAnally, Anup Srivastava and Connie D. Weaver, "Executive Stock Options, Missed Earnings Targets, and Earnings Management", *The Accounting Review*, Vol. 83, No. 1, 2008, pp. 185 – 216.

Matthew S. Lilling, "The Link between CEO Compensation and Firm Performance: Does Simultaneity Matter?", *Atlantic Economic Journal*, Vol. 34, No. 1, 2006, pp. 101 – 114.

Melissa B. Frye, "Equity – Based Compensation for Employees: Firm Performance and Determinants", *Journal of Financial Research*, Vol. 27, No. 1, 2004, pp. 31 – 54.

Merle Erickson, Michelle Hanlon and Edward L. Maydew, "Is There a Link between Executive Equity Incentives and Accounting Fraud?", *Journal of Accounting Research*, Vol. 44, No. 1, 2006, pp. 113 – 143.

Messod D. Beneish and Mark E. Vargus, "Insider Trading, Earnings Quality, and Accrual Mispricing", *Accounting Review*, Vol. 77, No. 4, 2002, pp. 755 – 791.

Messod D. Beneish, "Detecting GAAP Violation: Implications for Assessing Earnings Management among Firms with Extreme Financial Performance", *Journal of Accounting and Public Policy*, Vol. 16, No. 3, 1997, pp. 271 – 309.

Messod D. Beneish, "Earnings Management: A Perspective", *Managerial Finance*, Vol. 27, No. 12, 2001, pp. 3 – 17.

Michael C. Jensen and K. J Murphy, "Performance Pay and Top – Management Incentives", *Harvard Business Review*, Vol. 3, No. 5, 1990, pp. 138 – 153.

Michael C. Jensen and William H. Meckling, "Theory of the Firm: Managerial Behavior, Agency Costs and Ownership Structure", *Journal of Financial Economics*, Vol. 3, No. 4, 1976, pp. 305 – 360.

Michael C. Jensen, "The Modern Industrial Revolution, Exit, and the Failure of Internal Control Systems", *Journal of Finance*, Vol. 48, No. 3, 1993, pp. 831 – 880.

Michael Firth, Peter Fung and Oliver Rui, "Corporate Performance and CEO Compensation in China", *Journal of Corporate Finance*, Vol. 12, No. 4, 2006, pp. 693 – 714.

Michael H. Schellenger, David D. Wood and Ahmad Tashakori, "Board of Director Composition, Shareholder Wealth, and Dividend Policy", *Journal of Management*, Vol. 15, No. 3, 1989, pp. 457 – 467.

Milton Harris and Bengt Holmstrom, "A Theory of Wage Dynamics", *The Review of Economic Studies*, Vol. 49, No. 3, 1982, pp. 315 – 333.

Oliver Hart, "Corporate Governance: Some Theory and Implications", *The Economic Journal*, Vol. 105, No. 430, 1995, pp. 678 – 689.

Paolo F. Volpin, "Governance with Poor Investor Protection: Evidence from Top Executive Turnover in Italy", *Journal of Financial Economics*, Vol. 64, No. 1, 2002, pp. 61 – 90.

Patricia M. Dechow and Douglas J. Skinner, "Earnings Management: Reconciling Views of Accounting Academics, Practitioners, and Regulators", *Accounting Horizons*, Vol. 14, No. 2, 2000, pp. 235 – 250.

Patricia M. Dechow, Richard G. Sloan and Amy P. Sweeney, "Detecting Earnings Management", *Accounting Review*, Vol. 70, No. 2, 1995, pp. 193 – 225.

Patricia M. Dechow, Richard G. Sloan and Amy P. Sweeney, "Causes and Consequences of Earnings Manipulation: an Analysis of Firms Subject to Enforcement Action by the SEC", *Contemporary Accounting Research*, Vol. 13, No. 1, 1996, pp. 1 – 36.

Patricia M. Dechow, Scott A. Richardson and Irem Tuna, "Why Are Earnings Kinky? An Examination of the Earnings Management Explanation", *Review of Accounting Studies*, Vol. 8, No. 2, 2003, pp. 355 – 384.

Paul Kalyta, "Accounting Discretion, Horizon Problem, and CEO Retirement Benefits", *The Accounting Review*, Vol. 84, No. 5, 2009, pp. 1553 – 1573.

Paul M. Healy and James M. Wahlen, "A Review of the Earnings Management Literature and Its Implications for Standard Setting", *Accounting Horizons*, Vol. 13, No. 4, 1999, pp. 365 – 383.

Paul M. Healy, "The Effect of Bonus Schemes on Accounting Decisions", *Journal of Accounting and Economics*, Vol. 7, No. 3, 1985, pp. 85 – 107.

Qiang Cheng and Terry D. Warfield, "Equity Incentives and Earnings Management", *The Accounting Review*, Vol. 80, No. 2, 2005, pp. 441 – 476.

R. Edward Freeman and William M. Evan, "Corporate Governance: A Stakeholder Interpretation", *Journal of Behavioral Economics*, Vol. 19, No. 4, 1990, pp. 337 – 359.

Rafael La Porta, Florencio Lopez – de – Silanes, Andrei Shleifer and Robert Vishny, "Investor Protection and Corporate Governance", *Journal of Financial Economics*, Vol. 58, No. 2, 2000, pp. 3 – 27.

Rafael La Porta, Florencio Lopez – de – Silanes, Andrei Shleifer and Robert Vishny, "Law and Finance", *Journal of Political Economy*, Vol. 106, No. 6, 1998, pp. 1113 – 1155.

Rafael La Porta, Florencio Lopez – de – Silanes, Andrei Shleifer and Robert Vishny, "Legal Determinants of External Finance", *The Journal of Finance*, No. 3, 1997, pp. 1131 – 1150.

Ralf Ewert and Alfred Wagenhofer, "Economic Effects of Tightening Accounting Standards to Restrict Earnings Management", *Accounting Review*, Vol. 80, No. 4, 2005, pp. 1101 – 1124.

Randall Morck, Andrei Shleifer and Robert W. Vishny, "Management Ownership and Market Valuation: An Empirical Analysis", *Journal of Financial Economics*, Vol. 20, No. 1, 1988, pp. 293 – 315.

Reza M. Monem, "Earnings Management in Response to the Introduction of the Australian Gold Tax", *Contemporary Accounting Research*, Vol. 20, No. 4, 2003, pp. 747 – 774.

Richard M. Frankel, Marilyn Johnson and Karen K. Nelson, "The Relation between Auditors' Fees for Nonaudit Services and Earnings Management", *Accounting Review*, Vol. 77, No. 1, 2002, pp. 71 – 105.

Rick Antle and Abbie Smith, "An Empirical Investigation of the Relative Performance Evaluation of Corporate Executives", *Journal of Accounting Research*, Vol. 24, No. 1, 1986, pp. 1 – 39.

Robert M. Bushman and Abbie J. Smith, "Financial Accounting Information and Corporate Governance", *Journal of Accounting and Economics*, Vol. 32, No. 3, 2001, pp. 237 – 333.

Robert W. Holthausen, David F. Larcker and Richard G. Sloan, "Annual Bonus Schemes and the Manipulation of Earnings", *Journal of Accounting and Economics*, Vol. 19, No. 1, 1995, pp. 29 – 74.

Ron Adiel, "Reinsurance and the Management of Regulatory Ratios and Taxes in the Property – Casualty Insurance Industry", *Journal of Ac-*

counting and Economics, Vol. 22, No. 3, 1996, pp. 207 – 240.

Ron Kasznik, "On the Association between Voluntary Disclosure and Earnings Management", *Journal of Accounting Research*, Vol. 37, No. 1, 1999, pp. 57 – 81.

Ronald A. Dye, "Earnings Management in an Overlapping Generations Model", *Journal of Accounting Research*, Vol. 26, No. 2, 1988, pp. 195 – 235.

Ronald C. Anderson, Sattar A. Mansi and David M. Reeb, "Board Characteristics, Accounting Report Integrity, and the Cost of Debt", *Journal of Accounting and Economics*, Vol. 37, No. 3, 2004, pp. 315 – 342.

Ronald E. Shrieves and Pengjie Gao, "Earnings Management and Executive Compensation: A Case of Overdose of Option and Underdose of Salary?", University of Tennesse, Working Paper, 2002.

Ryan Dabidson, Jenny Goodwin – Stewart and Pamela Kent, "Internal Governance Structures and Earnings Management", *Accounting and Finance*, Vol. 45, No. 2, 2005, pp. 241 – 267.

S. Roychowdhury, "Earnings Management through Real Activities Manipulation", *Journal of Accounting and Economics*, Vol. 42, No. 3, 2006, pp. 335 – 370.

S. M. Saudagaran and J. Diga, "Financial Reporting in Emerging Capital Markets: Characteristics and Policy Issues", *Accounting Horizons*, Vol. 11, No. 2, 1997, pp. 41 – 64.

Sanford J. Grossman and Oliver D. Hart, "An Analysis of the Principal – Agent Problem", *Econometrica*, Vol. 51, No. 1, 1983, pp. 7 – 45.

Shane S. Dikolli, Susan L. Kulp and Karen L. Sedatole, "Transient Institutional Ownership and CEO Contracting", *The Accounting Review*, Vol. 84, No. 3, 2009, pp. 737 – 770.

Shaw K. Chen, Bing – xuan Lin, Yaping Wang and Liansheng Wu,

"The Frequency and Magnitude of Earnings Management: Time Series and Multi - Threshold Comparisons", *International Review of Economics and Finance*, Vol. 19, No. 4, 2010, pp. 671 - 685.

Siew Hong Teoh, Ivo Welch and T. J. Wong, "Earnings Management and the Long - Run Performance of Initial Public Offering", *Journal of Finance*, Vol. 53, No. 6, 1998a, pp. 1935 - 1974.

Siew Hong Teoh, Ivo Welch and T. J. Wong, "Earnings Management and the Post - Issue Performance of Seasoned Equity Offering", *Journal of Finance Economics*, Vol. 50, No. 4, 1998b, pp. 63 - 99.

Steven Balsam, "Discretionary Accounting Choice and CEO Compensation", *Contemporary Accounting Research*, Vol. 15, No. 3, 1998, pp. 229 - 252.

Takao Kato and Chery Long, "Executive Turnover and Firm Performance in China", *American Economic Review*, Vol. 96, No. 2, 2006, pp. 363 - 367.

Tatiana Nenova, "The Value of Corporate Voting Rights and Control: A Cross - Country Analysis", *Journal of Financial Economics*, Vol. 68, No. 3, 2003, pp. 325 - 351.

Terry D. Warfiled, John J. Wild and Kenneth L. Wild, "Managerial Ownership, Accounting Choices, and Informativeness of Earnings", *Journal of Accounting and Economics*, Vol. 20, No. 1, 1995, pp. 61 - 91.

W. Zhang, "China's SOE reform: A Corporate Governance Perspective", Peking University, Working Paper, 1998.

William H. Beaver, Maureen F. Mcnichols and Karen K. Nelson, "Management of the Loss Reserve Accrual and the Distribution of Earnings in the Property - Casualty Insurance Industry", *Journal of Accounting and Economics*, Vol. 35, No. 3, 2003, pp. 347 - 376.

Yuan Ding, Hua Zhang and Junxi Zhang, "Private vs State Ownership and Earnings Management: Evidence from Chinese Listed Companies",

Corporate Governance, Vol. 15, No. 2, 2007, pp. 221 – 237.

Yun W. Park and Hyun‐Han Shin, "Board Composition and Earnings Management in Canada", *Journal of Corporate Finance*, Vol. 10, No. 3, 2004, pp. 431 – 457.

D. A. Mcmullen, K. Raghunandan and D. V. Rama, "Internal Control Reports and Financial Reporting Problems", *Accounting Horizons*, Vol. 10, No. 4, 1996, pp. 67 – 75.

Gary C. Biddle and Gilles Hilary, "Accounting Quality and Firm‐Level Capital Investment", *The Accounting Review*, Vol. 81, No. 5, 2006: 963 – 982.

Giorgio Canarella and Arman Gasparyan, "New Insights into Executive Compensation and Firm Performance: Evidence from a Panel of 'New Economy' Firms, 1996 – 2002", *Managerial Finance*, Vol. 34, No. 8, 2008, pp. 537 – 554.

Heidi Vander Banwhede, Marleen Willekens and Ann Gaeremynck, "Audit Firm Size, Public Ownership, and the Firms' Discretionary Accruals Management", *The International Journal of Accounting*, Vol. 38, No. 1, 2003, pp. 1 – 22.

J. R. Davies, David Hiller and Patrick McColgan, "Ownership Structure, Managerial Behavior and Corporate Value", *Journal of Corporate Finance*, Vol. 11, No. 4, 2005, pp. 645 – 660.

Lex Donaldson and James H. Davis, "Boards and Company Performance – Research Challenges the Conventional Wisdom", *Corporate Governance: An International Review*, Vol. 2, No. 3, 1994, 151 – 160.

M. J. Conyon and L. He, *Executive Compensation and CEO Equity Incentives in China's Listed Firms*, Working Paper, ESSEC Business School and Wharton School, 2008.

Maureen F. McNichols and Stephen R. Stubben, "Does Earnings Management Affect Firms' Investment Decisions", *The Accounting Review*, Vol. 83, No. 6, 2008, pp. 1571 – 1603.

Michael Firth, "The Provision of Nonaudit Services by Accounting Firms to their Audit Clients", *Contemporary Accounting Research*, Vol. 14, No. 2, 1997, pp. 1 – 21.

Michael Firth, Peter M. Y. Fung and Oliver M. Rui, "How ownership and Corporate Governance Influence Chief Executive Pay in China´s Llisted Firms", *Journal of Business Research*, Vol. 60, No. 7, 2007, pp. 776 – 785.

Oren Bar – Gill and Lucian Arye Bebchuk, *Misreporting Corporate Performance*, Working paper, Harvard University, 2003.

Robert M. Bushman, Joseph D. Piotroski and Abble J. Smith, "Capital Allocation and Timely Accounting Recognition of Economic Losses", *Journal of Business Finance & Accounting*, Vol. 38, No. 1, 2011, pp. 1 – 33.

Roboert A. G. Monks and Nell Minow, *Corporate Governance*, Blackwell Publishers Ltd. , 2000, pp. 92 – 93.

Rodrigo S. Verdi, *Financial Reporting Quality and Investment Efficiency*, Working Paper, Massachusetts Institute of Technology, 2006, pp. 1 – 55.

Simi Kedia and Thomas Philippon, "The Economics of Fraudulent Accounting", *Review of Financial Studies*, Vol. 22, No. 6, 2009, pp. 2169 – 2199.

T. Wang, *Real Investment and Corporate Securities Fraud*, Working paper, University of Minnesota, 2006.

R. Watts and J. L. Zimmerman, "Positive accounting Theory: A Ten Year Perspective", *The Accounting Review*, Vol. 65, No. 1, 1990, pp. 131 – 156.

R. Watts and J. L. Zimmerman, *Positive Accounting Theory*, New Jersey: Prentice – Hall, 1986.

X Xie, O'Neil H. and L. Cardinal, *Boards as Agents of Innovation: How Board Characteristics Affect R&D Intensity and R&D Performance in Research Intensive Firms*, Paper Presented at Academy of Management Annual Meeting, Seattle, WA, 2003.

白云霞、吴联生:《信息披露与国有股权私有化中的盈余管理》,《会计研究》2008年第10期。

薄仙慧、吴联生:《国有控股与机构投资者的治理效应:盈余管理视角》,《经济研究》2009年第2期。

蔡春、李明、和辉:《约束条件、IPO盈余管理方式与公司业绩——基于应计盈余管理与真实盈余管理的研究》,《会计研究》2013年第10期。

蔡春、朱荣、和辉、谢柳芳:《盈余管理方式选择、行为隐性化与濒死企业状况改善——来自A股特别处理公司的经验证据》,《会计研究》2012年第9期。

曹国华、鲍学欣、王鹏:《审计行为能够抑制真实盈余管理吗?》,《审计与经济研究》2014年第1期。

陈玲芳:《基于盈余管理视角的企业环境信息披露行为分析》,《统计与决策》2015年第21期。

陈信元、夏立军:《审计任期与审计质量:来自中国证券市场的经验证据》,《会计研究》2006年第1期。

程锐、贺琛、倪恒旺:《基于真实盈余管理的慈善捐赠的公司治理效应分析》,《统计与决策》2015年第23期。

程书强、杨娜:《新会计准则下上市公司盈余管理存在的可能性及实施途径分析》,《管理世界》2010年第12期。

程小可、郑立东、姚立杰:《内部控制能否抑制真实活动盈余管理?——兼与应计盈余管理之比较》,《中国软科学》2013年第3期。

程小可、钟凯、杨鸣京:《民营上市公司CEO持股缓解了代理冲突吗?——基于真实活动盈余管理视角的分析》,《审计与经济研究》2015年第4期。

代冰彬、陆正飞、张然:《资产减值:稳健性还是盈余管理》,《会计研究》2007年第12期。

邓晓岚、陈运森、陈栋:《审计委员会与薪酬委员会委员交叠任职、盈余管理与经理人薪酬》,《审计研究》2014年第6期。

杜兴强、王丽华:《高管薪酬与企业业绩相关性的影响因素分析——基于股权结构、行业特征及最终控制人性质的经验证据》,《上海立信会计学院学报》2009年第1期。

范经华、张雅曼、刘启亮:《内部控制、审计师行业专长、应计与真实盈余管理》,《会计研究》2013年第4期。

方红星、金玉娜:《高质量内部控制能抑制盈余管理吗?——基于自愿性内部控制鉴证报告的经验研究》,《会计研究》2011年第8期。

方军雄:《我国上市公司高管的薪酬存在粘性吗?》,《经济研究》2009年第3期。

高雷、张杰:《公司治理、机构投资者与盈余管理》,《会计研究》2008年第9期。

耿照源、邬咪娜、高晓丽:《我国上市公司股权激励与盈余管理的实证研究》,《统计与决策》2009年第10期。

龚启辉、吴联生、王亚平:《两类盈余管理之间的部分替代》,《经济研究》2015年第6期。

郭婧:《对规范我国国企高管薪酬的几点思考》,《中国软科学》2010年第1期。

何威风、熊回、玄文琪:《晋升激励与盈余管理行为研究》,《中国软科学》2013年第10期。

何威风:《管理者异质性视角下企业盈余管理行为研究》,《经济与管理研究》2012年第8期。

何问陶、倪全宏:《中国上市公司MBO前一年盈余管理实证研究》,《会计研究》2005年第6期。

侯晓红、姜蕴芝:《不同公司治理强度下的股权激励与真实盈余管理——兼论市场化进程的保护作用》,《经济与管理》2015年第1期。

黄群慧:《控制权作为企业家的激励约束因素:理论分析及现实解

释意义》,《经济研究》2000年第1期。
黄群慧:《业绩评价与国有企业经营者报酬制度的激励性》,《中国工业经济》2002年第2期。
黄文伴、李延喜:《管理者薪酬契约与企业盈余管理程度关系》,《科研管理》2011年第6期。
黄晓薇、郭敏:《股权再融资门槛变迁与政策诱导型盈余管理——基于双重倍差法的经验研究》,《中国软科学》2014年第8期。
赖建清:《所有权,控制权与公司绩效》,北京大学出版社2007年版。
雷光勇:《会计契约论》,中国财政经济出版社2004年版。
李延喜、包世泽、高锐、孔宪京:《薪酬激励、董事会监管与上市公司盈余管理》,《南开管理评论》2007年第6期。
李延喜、陈克兢、姚宏、刘伶:《基于地区差异视角的外部治理环境与盈余管理关系研究——兼论公司治理的替代保护作用》,《南开管理评论》2012年第4期。
李银珠:《股票期股薪酬制度及其在我国的应用》,《会计研究》2006年第3期。
李增泉:《国家控股与公司治理的有效性》,经济科学出版社2005年版。
李志文、宋衍蘅:《影响中国上市公司配股决策的因素分析》,《经济科学》2003年第3期。
刘凤委、孙铮、李增泉:《政府干预、行业竞争与薪酬契约——来自国有上市公司的经验证据》,《管理世界》2007年第9期。
刘广生、马悦:《中国上市公司实施股权激励的效果》,《中国软科学》2013年第7期。
刘慧龙、王成方、吴联生:《决策权配置、盈余管理与投资效率》,《经济研究》2014年第8期。
刘宁、张正堂:《企业内部薪酬差距的效应:研究述评》,《管理学报》2007年第6期。
刘启亮:《不完全契约与盈余管理》,博士学位论文,厦门大学,

2007年。

卢静、胡运权：《会计信息与管理者报酬激励契约研究综述》，《会计研究》2007年第1期。

陆正飞、魏涛：《配股后业绩下降：盈余管理后果与真实业绩滑坡》，《会计研究》2006年第8期。

罗玫、陈运森：《建立薪酬激励机制会导致高管操纵利润吗？》，《中国会计评论》2010年第1期。

孟焰、张秀梅：《上市公司关联方交易盈余管理与关联方利益转移关系研究》，《会计研究》2006年第4期。

宁亚平：《盈余管理本质探析》，《会计研究》2005年第6期。

任春艳：《从企业投资效率看盈余管理的经济后果——来自中国上市公司的经验证据》，《财经研究》2012年第2期。

任春艳：《上市公司盈余管理与会计准则制定》，博士学位论文，厦门大学，2004年。

上海证券交易所研究中心：《中国公司治理报告》，复旦大学出版社2006年版。

宋德舜：《国有控股、经营者晋升和公司绩效》，《南开经济研究》2006年第3期。

宋德舜：《国有控股、最高决策者激励与公司绩效》，《中国工业经济》2004年第3期。

苏冬蔚、林大庞：《股权激励、盈余管理与公司治理》，《经济研究》2010年第11期。

孙铮、刘凤委、李增泉：《市场化程度、政府干预与企业债务期限结构——来自我国上市公司的经验证据》，《经济研究》2005年第5期。

田利辉：《国有产权、预算软约束和中国上市公司杠杆治理》，《管理世界》2005年第7期。

王福胜、吉姗姗、程富：《盈余管理对上市公司未来经营业绩的影响研究——基于应计盈余管理与真实盈余管理比较视角》，《南开管理评论》2014年第2期。

王华、黄之骏：《经营者股权激励，董事会组成与企业价值——基于内生性视角的经验分析》，《管理世界》2006 年第 9 期。

王化成：《中国上市公司盈余质量研究》，中国人民大学出版社 2008 年版。

王建新：《公司治理结构、盈余管理动机与长期资产减值转回》，《会计研究》2007 年第 5 期。

王俊秋、张奇峰：《信息透明度与经理薪酬契约有效性：来自中国证券市场的经验证据》，《南开管理评论》2009 年第 5 期。

王克敏、王志超：《高官控制权、报酬与盈余管理——基于中国上市公司的实证研究》，《管理世界》2007 年第 7 期。

王丽华：《国有控制上市公司经营者货币薪酬激励》，博士学位论文，厦门大学，2009 年。

王素霞：《独立审计、股权激励和盈余管理关系研究》，《财会通讯》2015 年第 6 期。

王亚平、吴联生、白云霞：《中国上市公司盈余管理的频度与幅度》，《经济研究》2005 年第 12 期。

王跃堂、朱林、陈世敏：《董事会独立性、股权制衡与财务信息质量》，《会计研究》2008 年第 1 期。

魏刚：《高级管理层激励与上市公司经营绩效》，《经济研究》2000 年第 3 期。

魏明海：《盈余管理基本理论及其研究述评》，《会计研究》2000 年第 9 期。

吴克平、于富生、黎来芳：《新会计准则影响中国上市公司的盈余管理吗？》，《上海经济研究》2013 年第 8 期。

吴联生、薄仙慧、王亚平：《避免亏损的盈余管理程度：上市公司与非上市公司的比较》，《会计研究》2007 年第 2 期。

吴联生、王亚平：《盈余管理程度的估计模型与经验证据：一个综述》，《经济研究》2007 年第 8 期。

吴清华、王平心：《公司盈余质量：董事会微观治理绩效之考察——来自我国独立董事制度强制性变迁的经验证据》，《数理统计与管理》2007年第1期。

夏纪军、张晏:《控制权与激励的冲突——兼对股权激励有效性的实证分析》,《经济研究》2008年第3期。

夏立军、方轶强:《政府控制、治理环境与公司价值》,《经济研究》2005年第5期。

肖淑芳、刘颖、刘洋:《股票期权实施中经理人盈余管理行为研究——行权业绩考核指标设置角度》,《会计研究》2013年第12期。

肖淑芳、张晨宇、张超、轩然:《股权激励计划公告前的盈余管理——来自中国上市公司的经验证据》,《南开管理评论》2009年第4期。

肖作平:《公司治理结构对资本结构选择的影响——来自中国上市公司的证据》,《经济评论》2005年第1期。

谢德仁、林乐、陈运森:《薪酬委员会独立性与更高的经理人报酬—业绩敏感度——基于薪酬辩护假说的分析和检验》,《管理世界》2012年第1期。

谢茂拾、彭秀平:《公司财富与高管薪酬敏感性——以湖南上市公司为例》,《管理世界》2008年第8期。

辛清泉、林斌、王彦超:《政府控制、经理薪酬与资本投资》,《经济研究》2007年第8期。

徐向艺、王俊韡、巩震:《高管人员报酬激励与公司治理绩效研究》,《中国工业经济》2007年第2期。

许慧、林芳:《真实盈余管理经济后果研究——基于中国资本市场的经验证据》,《财会通讯》2013年第21期。

杨浩:《现代企业理论教程》,上海财经大学出版社2001年版。

杨旭东、莫小鹏:《新配股政策出台后上市公司盈余管理现象的实证研究》,《会计研究》2006年第8期。

姚国烜、吴琼:《股权激励、代理成本与公司绩效关系研究》,《统计与决策》2014年第24期。

于李胜:《盈余管理动机、信息质量与政府监管》,《会计研究》

2007年第9期。

于忠泊、田高良、齐保垒、张皓：《媒体关注的公司治理机制——基于盈余管理视角的考察》，《管理世界》2011年第9期。

俞鸿琳：《国有上市公司管理者股权激励效应的实证检验》，《经济科学》2006年第1期。

袁知柱、郝文瀚、王泽燊：《管理层激励对企业应计与真实盈余管理行为影响的实证研究》，《管理评论》2014年第10期。

湛新民、刘善敏：《上市公司经营者报酬结构性差异的实证研究》，《经济研究》2003年第8期。

张多中：《国有控股公司控制体系研究》，中国经济出版社2006年版。

张娟、黄志忠：《高管报酬、机会主义盈余管理和审计费用——基于盈余管理异质性的视角》，《南开管理评论》2014年第3期。

张文魁：《中国国有企业产权改革与公司治理转型》，中国发展出版社2007年版。

张晓东：《政治成本、盈余管理及其经济后果》，《中国工业经济》2008年第8期。

张昕：《中国亏损上市公司第四季度盈余管理的实证研究》，《会计研究》2008年第4期。

张逸杰、王艳、唐元虎、蔡来兴：《上市公司董事会特征和盈余管理关系的实证研究》，《管理评论》2006年第3期。

张兆国、刘晓霞、邢道勇：《公司治理结构与盈余管理——来自中国上市公司的经验证据》，《中国软科学》2009年第1期。

张兆国、刘晓霞、张庆：《企业社会责任与财务管理变革——基于利益相关者理论的研究》，《会计研究》2009年第3期。

张兆国：《中国上市公司资本结构治理效应研究》，中国财政经济出版社2004年版。

章卫东、袁聪、张江凯、高雪菲：《所有权性质、经理人股权激励与盈余管理——来自深、沪证券市场的经验数据》，《财贸研究》2014年第4期。

章永奎、刘峰：《盈余管理与审计意见相关性实证研究》，《中国会计与财务研究》2002年第1期。

赵德武、曾力、谭莉川：《独立董事监督力与盈余稳健性——基于中国上市公司的实证研究》，《会计研究》2008年第9期。

赵息、石延利、张志勇：《管理层股权激励引发盈余管理的实证研究》，《西安电子科技大学学报》（社会科学版）2008年第3期。

支晓强、童盼：《盈余管理、控制权转移与独立董事变更——兼论独立董事治理作用的发挥》，《管理世界》2005年第11期。

周冬华、赵玉洁：《公司治理结构、盈余管理动机与可供出售金融资产处置》，《江西财经大学学报》2014年第1期。

周嘉南、黄登仕：《上市公司高级管理层报酬业绩敏感度与风险之间关系的实证检验》，《会计研究》2006年第4期。

周建波、孙菊生：《经营者股权激励的治理效应研究——来自中国上市公司的经验证据》，《经济研究》2003年第5期。

周仁俊、高开娟：《大股东控制权对股权激励效果的影响》，《会计研究》2012年第5期。

朱国泓、方荣岳：《管理层持股：沪市公司管理层的观点》，《管理世界》2003年第5期。

朱星文、蔡吉甫、谢盛纹：《公司治理、盈余管理与经理报酬研究》，《南开管理评论》2008年第11期。

《中国企业经营者激励约束机制及其有关政策研究》课题组：《关于在我国建立企业经营者股票期权激励制度的看法及建议》，《管理世界》2002年第7期。

蔡宁、梁丽珍：《公司治理与财务舞弊关系的经验分析》，《财经理论与实践》2003年第6期。

陈小悦、肖星、过晓艳：《配股权与上市公司利润操纵》，《经济研究》2000年第1期。

陈晓、江东：《股权多元化、公司业绩与行业竞争性》，《经济研究》2000年第8期。

陈信元、夏立军：《事务所任期与审计质量——来自中国证券市场的经验证据》，载《中国会计学会第六届理事会第二次会议暨 2004 年学术年会论文集》，2004 年。

陈艳艳：《我国股权激励经济后果的实证检验》，《南方经济》2012 年第 10 期。

杜兴强、王丽华：《高层管理当局薪酬与上市公司业绩的相关性实证研究》，《会计研究》2007 年第 1 期。

傅蕴英：《盈余管理与公司治理——基于审计意见的研究》，博士学位论文，重庆大学，2004 年。

顾振伟：《我国上市公司盈余管理动机与方式的实证研究》，博士学位论文，上海交通大学，2008 年。

何青：《我国上市公司的投资行为研究：基于新古典理论的检验》，《当代财经》2006 年第 2 期。

洪剑峭、陈朝晖：《中国股市 IPO 效应实证研究》，《中国会计与财务研究》2002 年第 1 期。

蒋义宏、魏刚：《中国上市公司会计与财务问题研究》，东北财经大学出版社 2001 年版。

蒋义宏：《会计信息失真的现状、成因与对策研究：上市公司利润操纵实证研究》，中国财政经济出版社 2002 年版。

李琦：《上市公司高级经理人薪酬影响因素分析》，《经济科学》2003 年第 6 期。

李青原：《会计信息质量、审计监督与公司投资效率——来自我国上市公司的经验证据》，《审计研究》2009 年第 4 期。

李维安、张国萍：《公司治理评价指数：解析中国公司治理现状与走势》，《经济理论与经济管理》2005 年第 9 期。

李增泉：《激励机制与企业绩效——一项基于上市公司的实证研究》，《会计研究》2000 年第 1 期。

刘斌、刘星、李世新、何顺文：《CEO 薪酬与企业业绩互动效应的实证检验》，《会计研究》2003 年第 3 期。

刘峰、吴风、钟瑞庆：《会计准则能提高会计信息质量吗——来自中国股市的初步证据》，《会计研究》2004 年第 5 期。

刘慧龙、张敏、王亚平、吴联生：《政治关联、薪酬激励与员工配置效率》，《经济研究》2010年第9期。

刘立国：《公司治理与会计信息治理关系的实证研究》，《会计研究》2003年第2期。

陆建桥：《中国亏损上市公司盈余管理实证研究》，中国财政经济出版社2002年版。

陆宇建：《上市公司基于配股权的盈余管理行为实证分析》，《南京社会科学》2002年第3期。

欧阳凌、欧阳令南、周红霞：《股权制定安排、信息不对称与企业非效率投资行为》，《当代经济科学》2005年第4期。

孙永祥：《所有权、融资结构与公司治理机制》，《经济研究》2001年第1期。

孙铮、王跃堂：《资源配置与盈余操纵之实证研究》，《财经研究》1999年第4期。

王兵、卢锐、徐正刚：《薪酬激励治理效应研究——基于盈余质量的视角》，《山西财经大学学报》2009年第7期。

王跃堂：《会计政策选择的经济动机——基于沪深股市的实证研究》，《会计研究》2000年第12期。

吴联生：《盈余管理与会计域秩序》，《会计研究》2005年第5期。

肖继辉、彭文平：《上市公司总经理报酬业绩敏感性研究》，《财经研究》2004年第12期。

谢德仁：《会计准则、资本市场监管规则与盈余管理之遏制：来自上市公司债务重组的经验证据》，《会计研究》2011年第3期。

严玉康：《管理层薪酬激励与上市公司盈余管理》，《财会通讯》（理财版）2008年第4期。

杨贺、柯大钢、马春爱：《经理人控制对高级管理人员报酬制定影响的实证研究》，《管理科学》2005年第3期。

杨忠莲、杨振慧：《独立董事与审计委员会执行效果研究——来自报表重述的证据》，《审计研究》2006年第2期。

于东智、池国华：《董事会规模、稳定性与公司绩效——理论与经验分析》,《经济研究》2004 年第 4 期。

张国华、陈方正:《我国上市公司盈余管理与董事会特征相关性实证研究》,《技术经济与管理研究》2006 年第 2 期。

张琦:《盈余质量与企业投资行为研究——来自中国上市公司的经验证据》,博士学位论文,厦门大学,2007 年。

张小宁:《经营者报酬、员工持股与上市公司绩效分析》,《世界经济》2002 年第 10 期。

赵春光:《资产减值与盈余管理——论〈资产减值〉准则的政策涵义》,《会计研究》2006 年第 3 期。